UNE

BRIGADE ALLEMANDE D'INFANTERIE

AU COMBAT

Borny, Noisseville, Villers-Bretonneux, Saint-Quentin

PAR

le Capitaine GRANGE
du 48ᵉ régiment d'infanterie

PARIS

LIBRAIRIE MILITAIRE R. CHAPELOT ET Cᵉ

IMPRIMEURS-ÉDITEURS

30, Rue et Passage Dauphine, 30

1902

UNE

BRIGADE ALLEMANDE D'INFANTERIE

AU COMBAT

———

Borny, Noisseville, Villers-Bretonneux, Saint-Quentin

[illegible]

UNE BRIGADE ALLEMANDE D'INFANTERIE

AU COMBAT

(Borny, Noisseville, Villers-Bretonneux, Saint-Quentin.)

INTRODUCTION.

Nous nous proposons, dans cette étude, de suivre, dans toutes ses évolutions, une brigade d'infanterie prussienne sur les différents champs de bataille où cette brigade a paru dans le courant de la guerre de 1870-1871.

Ce sera là, non pas un historique de cette brigade, mais un examen approfondi de son dressage en vue du combat, de l'habileté de son chef et des qualités manœuvrières de ses régiments.

Cette étude nous permettra également de nous initier aux vicissitudes de toutes sortes qui attendent toute troupe engagée et de nous rendre compte des qualités d'énergie, de sang-froid et de coup d'œil nécessaires à tous les chefs.

En suivant une seule brigade, du commencement à la fin de la campagne, nous pourrons mieux apprécier la valeur des procédés tactiques alors en usage, parce qu'ils auront été appliqués toujours par les mêmes individus.

En étendant plus tard, comme nous nous le proposons, cette étude à d'autres corps de troupe, nous aurons une idée assez exacte de la façon dont nos ennemis comprenaient la guerre,

BORNY (14 AOUT)

Le 13 août, dans la journée, le Ier corps arrivait sur la Nied française, en deux colonnes : la 1re division à Courcelles-Chaussy, la 2e à Landonvillers.

L'avant-garde de la 2e division : 44e régiment, 10e dragons, 5e batterie, après avoir poussé jusqu'au Petit-Marais et tiraillé avec quelques postes français, rétrogradait sur les Étangs et se couvrait vers Metz par un escadron laissé au delà de la chaîne des hauteurs, sur la ligne Retonfey—Sainte-Barbe et un bataillon, $\dfrac{III}{4}$, sur la ligne Glattigny—Bois de Libaville.

L'avant-garde de la 1re division était à l'ouest de Pont-à-Chaussy, ses postes s'étendant de Retonfey à Ogy.

Enfin, à l'extrême droite, la 3e division de cavalerie, à Vry, prolongeait vers le nord les avant-postes de la 2e division.

Les rapports de la cavalerie signalaient de nombreux campements français à Bellecroix et Mey, à 5 kilomètres en avant.

Dans la nuit, le Ier corps recevait les instructions du grand quartier général : il devait, pendant la journée du 14, garder les positions du 13 et se tenir prêt à parer à tout mouvement dirigé contre la IIe armée.

Le 14, au matin, les rapports d'avant-postes annonçaient une certaine agitation dans les campements ennemis, agitation dont on ne pouvait apprécier la cause ; les tentes s'abattaient, des colonnes se mettaient en mouvement sans qu'il fût possible de déterminer la direction de leur marche, quelques-unes, cependant, semblaient se diriger sur Metz.

A 2 heures de l'après-midi, le général Manteuffel, qui s'était porté sur la ligne des avant-postes, crut discerner dans les camps français des préparatifs d'attaque dans la direction du sud, c'est-à-dire contre la IIe armée ; il fit de suite prendre les armes à ses deux divisions, afin de se tenir prêt à tout événement ; le général commandant la 2e division faisait, en outre, porter le 4e régiment et la 6e batterie, de Landonvillers aux

Etangs pour renforcer son avant-garde qui se trouvait alors forte d'une brigade (3e), de 4 escadrons et de 2 batteries.

A 3 heures du soir, les fractions devant relever les troupes d'avant-postes rompaient des Etangs $\left(\frac{1^{er}}{10^e\,D.},\ \frac{I}{44}\right)$; le $\frac{I}{44}$, dépassant les postes du 3e bataillon, devait aller s'établir à 1000 mètres au delà, vers le Petit-Marais.

Ces troupes arrivaient sur leurs emplacements à 4 heures. A ce moment le canon tonnait subitement dans la direction du sud-ouest ; c'était la 26e brigade (von der Goltz) qui attaquait Colombey.

Engagement de la 3e brigade.

Vers 4 h. 15, le général Memerty recevait, aux Etangs, l'ordre « d'entrer vigoureusement en action sur la route de Sarrelouis, et de refouler l'adversaire, mais sans se laisser entraîner dans la zone du feu des forts ».

Il était prévu que le gros de la division s'ébranlait pour le soutenir et que la 1re division allait agir par la route de Sarrebrück.

Quelques minutes après, le général, suivi des deux derniers escadrons et des deux batteries, s'engageait au trot sur la route de Metz ; l'infanterie devait suivre le plus rapidement possible.

Le $\frac{III}{44}$, à Glattigny, occupé à faire rentrer ses postes, le $\frac{I}{44}$, à Petit-Marais, qui n'avait pas dû encore commencer son déploiement, se mettent aussitôt en mesure de suivre la colonne.

A la cote 282, on rallie les 1er et 4e escadrons.

A 5 heures, les deux batteries, s'établissant à 300 mètres à l'ouest de la Brasserie, des deux côtés de la route, ouvrent le feu à 2,500 mètres, l'une sur Bellecroix, l'autre sur le plateau de Mey.

Les 2e, 3e, 4e escadrons de dragons se plaçaient en soutien d'artillerie derrière les bâtiments de la Brasserie ; le 1er escadron arrivé en dernier lieu, prenait position le long de la lisière sud de Noisseville.

Pendant qu'il en est temps encore, et en attendant l'arrivée des premières troupes d'infanterie, esquissons rapidement la situation. Aussi bien, le général Memerty, dans l'animation de la course stimulée par le grondement du canon qui grandissait de minute en minute dans le sud-ouest, n'a guère eu le loisir de préparer son plan d'attaque ; les beaux thèmes du temps de paix, savamment élaborés par le maréchal de Moltke, ont peut-être un instant voltigé devant ses yeux, mais probablement comme Verdy du Vernois à Nachod, il les a envoyés au diable et s'est dit ceci : l'ennemi est là, non plus le parti B, mais un bon ennemi en chair et en os, sur lequel on peut frapper ; voilà huit jours déjà que les Bavarois, les Westphaliens, les Hessois en ont eu un morceau ; huit jours que von Bothmer, von Schwerin, von Sandrart se sont couverts de gloire. A notre tour !... Trautenau n'a pas encore été effacé.

Dans la campagne dernière, vieille seulement de quatre ans, le Ier corps n'avait pas été brillant : battu à Trautenau, par la faute de la 2e division, il arrivait à Sadowa, à la fin de la bataille, par suite du manque d'initiative de son chef.

Le général Memerty y commandait, comme colonel, un régiment de la 4e brigade.

Quelle était à ce moment, 5 heures, la physionomie du combat ? Sur le sommet du coteau opposé, à quelque distance en avant des bâtiments de Bellecroix, vers le point de jonction des deux routes, on apercevait distinctement des lignes d'infanterie appuyées au nord par de l'artillerie ; de nouvelles troupes prolongeaient en ce moment même cette ligne dans la direction du Moulin de la Tour ; au sud, dans la direction de Colombey, encore de l'infanterie ; en arrière, vers Bellecroix, toujours de l'infanterie ; la supériorité numérique était flagrante.

Au nord du ravin de Vantoux, s'élevaient les premières pentes du plateau de Villers-l'Orme ; de faibles groupes ennemis se montraient çà et là sur la crête ; du village de Mey, on n'apercevait que le clocher et au loin, à près de 5 kilomètres, se profilait la masse sombre du fort Saint-Julien. Nouilly, dans le fond de la vallée, venait d'être évacué par la grand'garde française qui y avait été signalée.

Au sud-ouest l'attaque de Goltz semblait progresser, mais de ce côté, les arbres de la route de Sarrebruck gênaient considérablement la vue. Sur cette dernière, l'infanterie de la 2e brigade allait bientôt arriver à hauteur de Montoy.

Dans la 3e brigade, le $\frac{\mathrm{I}}{44}$ était à 1500 mètres de la Brasserie ; la tête des autres bataillons ne devait pas être loin de Petit-Marais.

Le général Memerty se décide à prendre pied, tout d'abord, sur le plateau de Mey.

5 heures. — Le $\frac{\mathrm{I}}{44}$ reçoit, peu après 5 heures, l'ordre de marcher par Noisseville sur Mey, il sera suivi par le $\frac{\mathrm{II}}{44}$.

Quittant aussitôt la route, le 1er bataillon qui était parvenu à 1000 ou 1200 mètres de la Brasserie, se forme en ligne de colonnes de compagnie et s'engage dans le vallon, qui, par Noisseville, débouche en face de Nouilly.

Sur un nouvel ordre, la 4e compagnie continuait par la route et venait à la Brasserie former soutien d'artillerie.

Les trois autres compagnies continuent leur marche, traversent ou contournent Noisseville, et, arrivées sur la lisière ouest, tombent sous le feu de fractions ennemies bordant, à 1000 mètres, la crête du plateau de Mey. Ce feu est peu efficace.

Néanmoins, les compagnies perdent leur liaison, car, tandis que la 1re, franchissant le ruisseau au pont de la route de Noisseville, traverse la partie nord de Nouilly et appuie fortement à droite pour profiter du ravin qui se dirige vers Villers-l'Orme, les deux autres compagnies vont franchir le ruisseau vers le Moulin de Goupillon et abordent les pentes du plateau par le sud-est ; les défenseurs de la crête ont disparu.

La 1re compagnie, faisant à-gauche, parvient sur le plateau et est assaillie, à son apparition, par un feu violent d'infanterie partant de la lisière du bois de Mey (400 mètres). Son peloton de tirailleurs s'embusque dans des trous de cuisine des campements du 4e corps et entame la fusillade.

Les 2e et 3e compagnies sont arrêtées à leur tour par le feu de troupes françaises établies entre le bois et le village de Mey (600 mètres) ; leurs tirailleurs s'embusquent dans des carrières, le long du chemin Moulin de la Tour-Villers-l'Orme.

Les deux groupes sont à près de 600 mètres l'un de l'autre ; il était 5 h. 1/2.

A cette même heure, le $\dfrac{\text{II}}{44}$ arrivait dans Noisseville, et les 6ᵉ et 7ᵉ compagnies étaient envoyées renforcer la ligne de combat ; leurs pelotons de tirailleurs viennent prolonger, à droite, celui de la 1ʳᵉ compagnie, qui commençait à souffrir sérieusement ; leur intervention ne peut cependant faire avancer la ligne d'un pas. Ce bataillon, parti des Étangs après 4 h. 15, avait parcouru près de 9 kilomètres en une heure un quart.

Vers la route de Sarrebrück, l'avant-garde de la 1ʳᵉ division atteignait Montoy ; sa tête (43ᵉ régiment) traversait, en combattant, la vallée du ruisseau de Vallières, entre la Planchette et Lauvallier.

Un peu avant 6 heures, le reste de la 3ᵉ brigade était arrivé à la Brasserie $\left(\dfrac{\text{III}}{44}\right.$ et 3 bataillons du 4ᵉ régiment), et la situation était alors la suivante : 5 compagnies sur le plateau de Mey ne se maintenant qu'à grand'peine et séparées en deux groupes, sans liaison ; 2 compagnies en réserve à Noisseville ; 4 bataillons, 4 escadrons, 2 batteries à la Brasserie ; la 4ᵉ compagnie venait de quitter sa position de soutien d'artillerie et était arrivée au Goupillon pour établir la liaison avec le 43ᵉ, qui luttait au sud de Lauvallier.

La 3ᵉ division de cavalerie s'établissait à Retonfey, laissant un escadron de uhlans sur la route de Bouzonville.

6 heures. — A 6 heures, deux renseignements importants parviennent coup sur coup au général Memerty : de fortes colonnes ennemies s'avancent sur la route de Saint-Julien à Villers-l'Orme ; le 43ᵉ, vers Bellecroix, ne peut plus progresser et se fait décimer dans des efforts infructueux pour atteindre la jonction des deux routes.

Le général envoie aussitôt deux bataillons du 4ᵉ sur Bellecroix et dirige sur Noisseville le 3ᵉ bataillon de ce régiment, prêt à marcher sur Servigny.

Le mouvement commence peu après 6 heures.

Le colonel de Tietzen conduit lui-même les deux bataillons du 4ᵉ régiment sur Bellecroix (I et II).

Le 1ᵉʳ bataillon, traversant l'artillerie, se forme, au delà, en ligne de colonnes de compagnie, à cheval sur la route de Sarrelouis. Accueilli par un feu violent d'artillerie, il descend rapidement les pentes de Lauvallier. Le 2e bataillon, au nord de la route, suit massé (colonne double) à 200 mètres environ ; mais ses pertes deviennent telles qu'il se forme presque aussitôt par demi-bataillons.

Les $\frac{1^{re}, 4^e}{4}$ ayant franchi la vallée (sud de la route), rejoignent bientôt le 43e, en le prolongeant et l'entraînent ; mais, devant le feu écrasant de l'adversaire, la ligne tout entière recule jusque dans un pli de terrain où elle essaye de se reformer.

Au nord de la route, les 2e et 3e compagnies ne peuvent que s'arrêter à mi-côte, au prix des plus grands sacrifices ; les 5e et 8e prolongent aussitôt à droite, mais leur feu est impuissant à réduire celui de l'adversaire ; les 2e et 3e compagnies, trop éprouvées, se replient dans le fond du ravin ; elles sont remplacées, peu après, sur la ligne de combat, par deux compagnies du 43e, qui, engagées trop au nord, ont franchi la route de Sarrelouis ; il était près de 6 h. 1/2.

Sur le plateau de Mey, le 44e subissait au même moment un échec sérieux.

Lancées un peu à l'aventure, les cinq compagnies prussiennes, sans soutien immédiat, terrées dans leurs trous de cuisines et dans leurs carrières, ne pouvaient que se maintenir dans leurs positions : toute tentative pour se porter en avant était arrêtée net par le feu foudroyant des défenseurs du bois et du village de Mey.

L'offensive française, pour si tardive qu'elle fût, se produisit enfin. Rassurée par l'arrivée prochaine de sa 2e brigade et des divisions de Cissey et Lorencez, la 1re brigade de la division Grenier sort de ses lignes et se lance enfin en avant. Les compagnies prussiennes abandonnent précipitamment leurs abris, descendent dans le ravin, traversent Nouilly et ne s'arrêtent qu'au delà du ruisseau. Les tirailleurs français couronnent toute la crête, engagent la fusillade avec la $\frac{4^e}{44}$ du Moulin de Goupillon et tirent même sur les compagnies du 4e régiment engagées devant Bellecroix.

Le moment est critique, car l'artillerie française n'a qu'à paraître sur les coteaux au sud-est de Mey, pour que toute la ligne allemande subisse un désastre complet.

Aux premiers coups de fusil partis au-dessus du Goupillon, les compagnies du 4e régiment, déjà fort ébranlées, se replient au plus vite vers les maisons de Lauvallier ; pendant que la 7e compagnie, non encore engagée, se portait au secours de la $\frac{4^e}{44}$, le 1er bataillon parvient à se rassembler auprès de la 6e compagnie ; les 5e et 8e un peu plus au nord.

Vers 7 heures, les deux bataillons du 4e étaient reformés face aux coteaux de Mey et, par le fond de la vallée, marchaient sur le Goupillon.

A lire la *Relation allemande*, on croirait que ce mouvement s'exécuta comme sur le champ de manœuvres.

Les souvenirs de ceux de nos anciens qui assistèrent à cette affaire ne laissent aucun doute sur ce sujet : la ligne allemande, décimée par le feu des défenseurs de Bellecroix, lâcha pied à l'apparition des troupes françaises sur son flanc droit.

Et si le 4e eut encore assez de ressort pour se porter ensuite sur le Goupillon, c'est que, dans son mouvement de recul, il tomba dans les lignes de marche du 3e régiment (1re division), qui l'entraîna. A 7 heures, le 3e régiment, appuyant légèrement à droite, prenait sa direction sur Nouilly, tandis que le 4e, sur Goupillon, emmenait dans son sillage deux compagnies du 43e et deux du 3e régiment. Cela fût-il arrivé sur le champ de manœuvres ?

Voici quelle était la physionomie du combat à ce moment (6 h. 1/2 à 7 heures) : Au sud, la canonnade redoublait de violence par suite de l'arrivée, vers Montoy, de l'artillerie des 1re et 13e divisions.

En avant de Bellecroix, le 43e régiment luttait péniblement pour maintenir ses positions, et l'artillerie de la 1re division franchissait le pont de la Planchette pour aller s'installer dans les lignes mêmes du 43e.

Quant à la situation particulière de la 3e brigade, elle n'était guère rassurante : cinq compagnies du 44e, désorganisées, se reformaient tant bien que mal, à 1000 mètres à l'ouest de Noisseville ; six compagnies du 4e, rejetées au fond du ravin de Lauvallier et recueillies par des fractions fraîches $\left(\frac{6^e,\ 7^e}{4} \right.$ et 3e régiment), se disposaient à faire face aux troupes françaises sorties de Mey.

Il restait au général Memerty, comme réserves immédiates :
2 bataillons 1/2 $\left(\dfrac{5^e,\ 8^e,\ \text{III}}{44},\ \dfrac{\text{III}}{4}\right)$ et le 10e dragons.

Après une heure et demie de combat, 11 compagnies sur 24 étaient hors d'état de fournir un effort sérieux.

En face, l'ennemi tenait toujours les crêtes, et de l'artillerie se mettait en batterie vers Villers-l'Orme.

Mais des renforts puissants accouraient ; c'étaient : au nord, sur le chemin du château de Gras à Servigny, 3 batteries de la 2e division ; sur la route de Sarrebrück, toute l'artillerie de corps ; la 4e brigade d'infanterie était, il est vrai, encore vers le château de Gras, mais le 3e régiment (2e brigade) traversait en ce moment même la route de Sarrelouis, marchant de Montoy sur Mey.

Rassuré sur la solidité de son centre, le général Memerty concentre tous ses efforts sur sa droite ; il envoie le $\dfrac{\text{III}}{44}$ à Noisseville et donne l'ordre au $\dfrac{\text{III}}{4}$ et à la 5e batterie de marcher sur Servigny, pour, de là, faire face à l'ouest.

7 heures. — A 7 heures, 24 pièces étaient en batterie entre Servigny et Poix ; 42 entre Lauvallier et Noisseville ; 24 au sud-ouest de Lauvallier, dans les lignes du 43e.

Peu après, le général commandant la 3e brigade recevait du général Manteuffel l'ordre suivant :

« Le général Memerty maintiendra à tout prix sa position de Noisseville et du ravin de Nouilly, il sera soutenu par l'artillerie de corps. La 1re brigade d'infanterie s'établira en réserve générale à la Brasserie. La 4e brigade contournera Noisseville par le nord et, laissant deux bataillons en réserve dans le ravin, cherchera à s'opposer au mouvement tournant de l'adversaire par une pointe dans son flanc gauche. »

Noisseville, on le tenait ; mais le ravin de Nouilly, on ne le tenait plus.

Pendant que l'artillerie canonne furieusement le plateau de Mey et oblige, par son seul feu, les fractions françaises qui occupent les pentes au-dessus de Nouilly à se replier sur le bois, le général Memerty donne l'ordre aux six compagnies du 44e, en réserve à Noisseville, de se porter en avant, avec comme objectif : les 5e et 8e, les hauteurs au sud-ouest de Nouilly ; le 3e bataillon, les hauteurs au nord. Du 4e régiment, le général ne pouvait plus s'en occuper : les deux bataillons de ce régiment, engagés à 2 kilomètres de là, vers le Goupillon, étaient encore séparés de lui par le 3e régiment ; l'autre bataillon était à Servigny.

Les six compagnies restantes du 44e s'ébranlent un peu après 7 heures, dépassent les fractions repoussées, encore en voie de réorganisation, et abordent Nouilly.

Le $\frac{III}{44}$, après avoir franchi le ruisseau, déploie 8 pelotons en tirailleurs, (2 par compagnie), sa gauche traverse le village, la droite passe au nord ; mais au delà, des difficultés de terrain rendent la marche très pénible ; en outre, ayant à faire un léger changement de direction à gauche, ce bataillon, en raison de son déploiement prématuré, s'empêtrait dans les vignes et ne pouvait entrer en ligne pour le choc final.

Les 5e et 8e compagnies tournent à gauche, passant au sud de Nouilly, puis, par un à-droite, s'efforcent à travers les vignes de parvenir sur la crête ; la direction de leur marche était alors sur le bois de Mey. Un bataillon français (64e) passant au nord du bois, se lance à la rencontre des deux compagnies du 44e (7 h. 30). — Il est écrasé par le feu de l'artillerie prussienne et contraint de se replier en désordre. Des hourras éclatent en même temps, à gauche : c'est tout le 3e régiment et des fractions des 1re et 3e brigades $\left(\frac{6^e,\ 7^e}{4} \right)$ qui montent à l'assaut du plateau.

Nous avons laissé, vers 7 heures, les compagnies du 4e régiment repoussées de Bellecroix se reformer tant bien que mal et se disposer à participer au mouvement du 3e régiment sur Mey.

Peu après, les deux régiments bordaient le ruisseau, de Nouilly au Moulin de Goupillon, le 3e régiment, à droite, avec ses 10 compagnies en première ligne ; le 4e régiment, à gauche, ne laissant en première ligne que les 6e et 7e compagnies ; le 1er bataillon, les 5e et 8e en réserve.

Des fractions de la 1re brigade arrivant à la Brasserie, venaient encore doubler cette chaîne déjà si épaisse.

Vers 7 h. 30, les défenseurs de la crête au sud de Mey ayant disparu, dispersés par le feu de l'artillerie allemande, la ligne se mettait en marche et parvenait sur le plateau au moment où le bataillon du 64e français se repliait en arrière du bois de Mey.

Les compagnies prussiennes se lancent derrière lui au milieu de l'obscurité naissante, et vers 8 heures, dans un désordre indescriptible, elles bordaient la lisière est du bois de Mey et l'intervalle entre ce bois et le village ; il y avait là des compagnies des 1er, 3e, 4e, 41e, 44e ; les $\dfrac{6^e, 7^e}{4}$ étaient devant le village encore occupé par quelques opiniâtres défenseurs ; les $\dfrac{5^e, 8^e}{44}$ avaient suivi le mouvement et se trouvaient en arrière et à droite des compagnies du 3e régiment.

Quatre compagnies seulement de la 3e brigade avaient pris part à cette action.

Ce succès fut de courte durée.

En effet, pendant que nos troupes repoussées du bois se rejetaient dans les lignes de leurs réserves (64e et 98e), y jetaient le désordre et les entraînaient avec elles jusqu'au chemin creux de Mey —Villers-l'Orme, la tête de la division de Cissey parvenait aux abords du village et le général de Ladmirault la lançait de suite en avant. Le 20e bataillon de chasseurs traversait Mey et tombait sur les $\dfrac{6^e, 7^e}{4}$; le 13e rallié marchait entre le village et le bois ; les 1er et 6e de ligne, passant au nord, prenaient toute la ligne prussienne à revers. Tout fut balayé et les compagnies prussiennes, rejetées en désordre vers Nouilly, entraînèrent dans leur fuite et les fractions en réserve au Goupillon $\left(\dfrac{\text{I.}5^e, 8^e}{4}, \dfrac{4^e}{44} \right)$ et le $\dfrac{\text{III}}{44}$ qui mit moins de temps pour sortir de ses vignes qu'il n'en avait mis pour y entrer.

La Relation officielle allemande, dont les termes sont si mesurés, si corrects, traduit ainsi cette panique : les troupes épuisées par les sanglants combats qu'elles avaient eu à livrer, privées de la plupart de leurs officiers « se laissaient glisser le long du ravin, et leurs masses ne tardaient pas à refluer jusque sur la route de Sarrelouis ».

Il nous reste, pour terminer, à suivre le $\frac{\text{III}}{4}$ vers Servigny.

Parti de Noisseville un peu avant 7 heures, ce bataillon, avec la 5e batterie légère, parvenait peu après à Servigny. En même temps que lui, arrivaient 3 batteries de la 2e division. Ces quatre batteries prenaient position en trois groupes, et ouvraient le feu sur de l'artillerie française établie vers Villers-l'Orme. Le bataillon formait soutien en avant : deux compagnies au nord-ouest de Poix, deux au cimetière de Servigny.

Vers 7 h. 45, les batteries prussiennes ne parvenant pas à éteindre le feu de l'artillerie ennemie, le 3e bataillon recevait l'ordre de se porter en avant. La nuit était venue. Rassemblant ses deux demi-bataillons, le lieutenant-colonel se mettait en marche parallèlement à la route de Bouzonville, couvert en avant par la 12e compagnie. et sur son flanc droit par la 9e, sur la route même.

A 8 heures, arrivé vers le chemin de Mey—Villers-l'Orme, le bataillon était accueilli par une fusillade assez violente qui lui causait quelques pertes. Jugeant inutile de s'aventurer plus loin, et l'artillerie ennemie ne se faisant plus entendre, le commandant du bataillon arrêtait sa troupe et se mettait en relation, à gauche, avec deux bataillons de la 4e brigade qui, passant au sud de Servigny, étaient arrivés à sa hauteur et avec un bataillon de la 1re division qui, venant de Montoy, errait sur le champ de bataille.

Ce sont ces quatre bataillons qui, vers 9 h. 30, ayant esquissé un mouvement en avant, se trouvèrent subitement en face d'une partie de la division de Cissey. Surpris, ils n'attendirent pas le choc et se replièrent sur Servigny.

A 9 heures, le général von Steinmetz, après s'être donné la satisfaction d'entendre le « Salut à toi, au jour de la victoire » joué par la musique du 1er régiment, donnait, de la Brasserie, des ordres pour la retraite et pour l'occupation des cantonnements du matin.

La 3e brigade se repliait peu après sur les Etangs et laissait un bataillon aux avant-postes, vers le château de Gras.

Le 4ᵉ régiment avait perdu 19 officiers, 483 hommes ; le 44ᵉ régiment avait perdu 23 officiers, 462 hommes ; le 10ᵉ dragons comptait 11 blessés.

Les pertes des deux batteries étaient insignifiantes.

Observations.

Dans ces observations, comme dans celles qui suivront chacun des combats livrés par la 3ᵉ brigade, nous nous garderons bien d'agiter les questions de haute tactique, de rechercher si, oui ou non, les Allemands eurent raison d'attaquer et à quel résultat heureux ou fatal leur intervention les exposait. Notre rôle est plus modeste ; la 3ᵉ brigade ayant toujours agi d'après des ordres reçus du commandement, nous n'aurons, sans discuter ces ordres, qu'à voir comment ils furent exécutés.

Dans la brigade, des fractions reçurent, au cours des engagements, des missions bien déterminées ; nous examinerons les causes de leurs succès ou de leurs revers, en signalant au passage les faits dignes de remarque.

Combat de la Brigade.

I. *Commandement*. — Constatons tout d'abord la forte composition en infanterie, de l'avant-garde de la 2ᵉ division : deux régiments.

Cette fraction manœuvra comme toute avant-garde trop fortement constituée ; pour en utiliser les nombreux bataillons, on orienta le combat dans deux directions : une bonne (Mey), une mauvaise (Bellecroix). Pour remettre l'axe de combat dans sa vraie position, le reste du gros de la division ne suffit plus et il fallut faire appel à des troupes de la division voisine (3ᵉ régiment).

Le général Memerty avait reçu l'ordre « d'entrer vigoureusement en action sur la route de Sarrelouis et de refouler l'adversaire sans se laisser entraîner dans la zone du feu des forts ».

Cette restriction ne paraît pas avoir beaucoup embarrassé le général commandant la brigade, car en évaluant à 3 kilomètres la zone d'action du Saint-Julien, tel qu'il était armé à cette époque : Nouilly, le Goupillon, Bellecroix et à plus forte raison Mey, étaient autant de positiohs sur lesquelles on devait éviter de paraître. Le général pouvait alléguer que la zone d'action d'un fort n'existe qu'autant que ce dernier donne signe de vie, en quoi il avait grandement raison.

Quoi qu'il en soit, pour nous qui connaissons les positions françaises en face de la 3e brigade, et pour le général lorsqu'il fut arrivé à la Brasserie, l'ordre du général Manteuffel devenait : « entrer vigoureusement en action et refouler, sans se laisser entraîner dans la zone du feu des forts, un adversaire en retraite et qui se trouve déjà en dedans de cette zone ». Il était donc nécessaire, pour faire quelque chose, d'aller l'y repêcher.

A 5 heures, la 2e brigade allait déjà accrocher l'ennemi à Bellecroix, il ne va rester à la 3e que le plateau de Mey.

En étudiant attentivement la marche du combat, peut-être pourrons-nous démêler les véritables intentions du général Memerty.

Vers 5 h. 15, les deux premiers bataillons qui se présentent sont dirigés sur le plateau de Mey. Cette attaque, non préparée par l'artillerie, échoue, et les compagnies prussiennes sont obligées de s'arrêter ; mais on a obtenu un résultat : l'ennemi, qui était en force sur le plateau, a dû faire tête.

Jusqu'alors rien que de très rationnel : avant de s'engager sur la route de Sarrelouis (axe indiqué), la 3e brigade a voulu s'assurer la possession d'un solide point d'appui sur le flanc droit.

Mais, à ce moment, les renseignements que durent envoyer les troupes arrêtées devant le bois de Mey auraient dû convaincre le général Memerty de la nécessité de modifier la direction de son attaque ; il n'en fut rien.

A 6 heures, le général, bien qu'averti que des colonnes ennemies s'avançaient par la route de Bouzonville, dirigeait deux de ses quatre derniers bataillons sur Bellecroix.

Était-ce pour suivre, à la lettre, les prescriptions qui lui ordonnaient de s'engager par la route de Sarrelouis, ou pour venir en aide au 43e régiment ?

Dans le premier cas, la situation s'était modifiée : sur la route de Sarrelouis, l'ennemi se tenait strictement sur la défensive, tandis que, au nord, où la 3e brigade était allée le chercher, il paraissait revenir sur l'assaillant.

Dans le second cas, le 43e n'était pas encore à bout de forces; six de ses compagnies seules étaient engagées; on pouvait voir, de la Brasserie, ses trois derniers demi-bataillons sur le point d'arriver au pont de la Planchette, et la tête du 3e régiment sortir de Montoy; le 43e devait donc être soutenu à bref délai par le reste de la 2e brigade.

Le mouvement de deux bataillons du 4e sur Bellecroix fut donc une faute, en ce sens qu'il n'aida en rien à l'attaque du 43e et qu'il empêcha le général de pourvoir d'une façon plus sérieuse à la sécurité de son flanc droit.

Il eut encore comme conséquences : l'entrée en ligne, dans le champ d'action de la 3e brigade, de fractions des 1re et 2e brigades; le mélange des unités pour la dernière attaque de Mey (7 h. 30) et peut-être, par suite, la panique de 8 heures; tout cela sans compter les 300 ou 400 hommes que les deux bataillons laissèrent tués ou blessés sur les pentes de Bellecroix.

En même temps qu'il engageait les deux bataillons du 4e, sur la route de Sarrelouis, le général Memerty tenait un bataillon prêt à marcher sur Servigny, c'est-à-dire, se préparait à occuper un front de 4 kilomètres.

Devant un ennemi en retraite, on a tout avantage à s'étendre pour longer ses flancs et le gagner de vitesse; mais ici ce n'était plus un adversaire en retraite que l'on avait en face de soi, c'était un adversaire qui acceptait la bataille et dont on ne pouvait espérer tourner le flanc avec un bataillon.

Le bataillon ne rompait, il est vrai, que vers 7 heures, lorsque toute l'artillerie de corps était en action à la Brasserie; mais, à ce moment, la 4e brigade était à 1500 mètres à l'est de Servigny, et le général avait pu la voir, quelques instants auparavant, descendre du château de Gras.

Si, d'un autre côté, et comme le laisse supposer la *Relation allemande*, c'était comme soutien d'artillerie que ce bataillon était ainsi séparé de sa brigade, nous trouvons que le 10e dragons, qui en avait joué le rôle dès 5 heures du soir et que l'on a paru oublier derrière les bâtiments de la Brasserie, pouvait fort bien le remplacer.

Qu'arriva-t-il lorsque, peu après 7 heures, le combat étant tout orienté au nord-ouest, le général Memerty reçut l'ordre « de maintenir à tout prix sa position de Noisseville et du ravin de Nouilly, etc. »? Il arriva que le général ne put trouver que six compagnies fraîches du 44e à lancer sur Mey; son 4e régiment, décimé ou dispersé, ne pouvait plus recevoir ses ordres.

Une remarque pour finir : on pourrait peut-être objecter que le général commandant la 3e brigade, comme les autres commandants de brigade, dans cette journée, n'avait qu'un but : retarder la retraite de l'ennemi en l'attaquant partout où c'était possible, et faire ainsi le jeu de la IIe armée.

Nous ne pensons pas que, le 14 août, un seul des généraux prussiens crût avoir préparé les journées des 16 et 18 août. La légende fut fabriquée après coup.

Les Allemands ont engagé la lutte, le 14, parce qu'il y avait huit jours qu'ils nous cherchaient; mis en goût par leurs succès du 6, ils craignaient de voir échapper une belle occasion, et pour longtemps. Devant former le corps de siège de Metz, il fallait, avant de commencer l'ingrat service de la tranchée, se hâter de cueillir quelques lauriers sur le dos de cette armée française que la Ire armée ne croyait plus revoir.

En résumé, le général Memerty, commandant une brigade d'avant-garde à la poursuite d'un ennemi supposé en retraite, remplit sa mission de la manière suivante :

Il prend les devants avec toute son artillerie et sa cavalerie disponible et fait canonner les troupes ennemies en vue ;

Il cherche ensuite à s'assurer la possession d'un solide point d'appui sur un flanc et emploie à cet effet les premières troupes d'infanterie qui l'ont rejoint : 2 bataillons ;

Il s'engage dans la direction qui lui a été indiquée : 2 bataillons.

N'ayant pas deviné que sa vraie direction est sur Mey, il se trouve à court lorsqu'on lui annonce que des troupes ennemies menacent son flanc droit ; il ne peut y diriger qu'un bataillon ; il conserve le dernier sous sa main parce que le gros de la division n'est pas encore à proximité.

A 6 h. 30, la brigade a quatre bataillons engagés sur un front de 1800 mètres.

II. *Artillerie.* — L'artillerie, laissant loin en arrière l'infanterie, vient au galop prendre position à bonne portée des lignes ennemies et les canonne ; son intervention rapide, en même temps qu'elle fixe l'adversaire sur ses positions, avertit la 26e brigade, mieux que ne pouvaient le faire tous les messages, de l'arrivée prochaine des secours.

Son feu est disséminé parce que le général n'a pas encore déterminé son point d'attaque et que, pour l'instant, ce qu'il faut, c'est maintenir l'ennemi que l'on voit en position à Bellecroix, forcer à s'arrêter celui que l'on suppose à Mey.

Noyées ensuite dans les masses de l'artillerie de corps, les deux batteries perdent toute individualité.

III. *Cavalerie.* — Le 10e dragons conserve jusqu'à la nuit sa position de soutien d'artillerie et n'intervient en rien dans les combats passablement décousus qui se livrent antour de Mey.

Il imitait en cela la 3e division de cavalerie, qui restait immobile à Retonfey.

Cette attitude concordait avec les idées alors adoptées dans l'armée allemande, sur l'emploi de la cavalerie sur le champ de bataille ; nous reviendrons plus tard sur ce sujet.

Nous allons voir en détail le rôle de l'infanterie ; mais disons de suite que toutes ses attaques échouèrent lorsqu'elles ne furent pas suffisamment préparées par l'artillerie.

Pour faire réussir, à 7 h. 30, l'attaque sur le bois de Mey, de 20 compagnies fraîches, il fallut l'intervention de toute l'artillerie de corps.

Combat des petites unités.

Avant d'entamer l'examen détaillé du combat de l'infanterie, il est nécessaire de donner en quelques mots la formation de combat du bataillon.

Au début de la guerre, et cela jusqu'au lendemain de Borny, la base du déploiement était le demi-bataillon : le bataillon de première ligne portait en avant ses deux compagnies des ailes ou de tête, selon qu'il était en ligne ou en colonne ; les deux autres se réunissaient en demi-bataillon (colonnes de compagnie accolées)

formant réserve. Le bataillon de 2e ligne formait deux demi-
bataillons, à 20 ou 30 pas l'un de l'autre et sur la même ligne.
C'était là la formation normale, mais les chefs de bataillon
avaient toute latitude d'y apporter des modifications et ils n'y
manquaient pas.

Une instruction du 2 août 1870, communiquée, paraît-il, seulement aux chefs de corps, posait des règles tactiques dont les
officiers allemands s'écartèrent rarement pendant toute la durée
de la campagne. Cette instruction, entre autres choses, recommandait d'éviter le plus possible le combat d'infanterie aux distances de 1000 à 500 pas, c'est-à-dire, de raccourcir rapidement
cette distance en utilisant les couverts du sol et d'engager le
combat aux distances rapprochées ; de chercher constamment
à prendre l'ennemi de flanc ; de tenir la cavalerie en arrière
pendant le combat et de la réserver pour les derniers moments.
Cela posé nous allons suivre principalement dans cette journée
de Borny :

1° L'attaque du plateau de Mey, par $\dfrac{\text{I. II}}{44}$;

2° La marche d'approche des $\dfrac{\text{I. II}}{4}$, de la Brasserie au ravin de
Lauvallier.

Attaque du plateau de Mey $\dfrac{I.\ II.}{44}$ — Le 1er bataillon à
5 heures du soir, suivait en colonne de route, la route de Sarrelouis et était à environ 1200 mètres de la Brasserie.

Son chef recevait, à ce moment, l'ordre de marcher par Noisseville sur le plateau de Mey, et il était averti qu'il serait soutenu par le premier bataillon qui suivait. Ce bataillon, $\dfrac{\text{II}}{44}$,
n'était pas encore en vue ; il devait se trouver alors vers le Petit-
Marais.

Comme renseignements, le major Ziegler devait savoir vague-
ment que l'ennemi se retirait, qu'il était déjà attaqué à quelques
kilomètres dans le sud ; le plateau de Mey ne paraissait occupé
que par quelques fractions assez disséminées ; Noisseville et
Nouilly semblaient être évacués.

Il s'agissait, par conséquent, d'arriver vite et en force ; le second bataillon se chargera de former la réserve.

Il est bien entendu qu'il n'est pas venu au major Ziegler l'idée, pour être en force, d'attendre l'arrivée du 2ᵉ bataillon. C'eût été plus prudent peut-être, mais la prudence n'était pas à l'ordre du jour : elle n'y sera que plus tard.

Le bataillon se déploie tout entier en colonnes de compagnie, la gauche (4ᵉ) appuyée à la route et s'engage dans l'espèce de couloir qui conduit à Noisseville.

Le bataillon est bientôt réduit à 3 compagnies par suite de l'appel de la 4ᵉ à la Brasserie.

La traversée de Noisseville s'effectue rapidement, une seule compagnie (2ᵉ) prend par le village, les autres passent au nord et au sud. Au delà, l'ennemi commence à tirer des coteaux de de Nouilly, mais en raison de la distance et de la dispersion des compagnies, ce feu ne produit que peu d'effet.

C'est à ce moment que le chef de bataillon paraît avoir pris des dispositions pour aborder le plateau : tout d'abord il fallait s'assurer de l'évacuation complète de Nouilly, puis, pour forcer à la retraite les défenseurs de la crête, user de la manœuvre favorite aux Allemands : le mouvement tournant.

La 1ʳᵉ compagnie abordera Nouilly par la route de Noisseville et exécutera ensuite l'attaque de front sur le plateau ; les 2ᵉ et 3ᵉ, descendant le ruisseau, tourneront Nouilly par le sud et seront chargées de l'attaque de flanc.

Le mouvement était bien combiné, mais peut-être pourrait-on lui reprocher d'avoir consacré trop de monde à l'attaque de flanc : l'une des compagnies de cette attaque aurait pu avec avantage marcher en soutien derrière la 1ʳᵉ compagnie. En voici la raison : l'ennemi avait disparu de la crête, mais où et sur qui s'était-il replié ? On ne pouvait le savoir ; on allait peut-être se heurter, tout à l'heure, à des forces supérieures et il eût été prudent de conserver une troupe en soutien, d'autant plus que le bataillon qui suivait était encore à plus de 2,000 mètres en arrière. En réalité, cela n'eût servi à rien, puisque les Français, persistant dans leur tactique funeste, se contentèrent d'ouvrir le feu sans prendre résolument l'offensive ; mais si ce fut là le raisonnement du major Ziegler, il était dangereux et pouvait exposer le bataillon à de rudes mécomptes.

Le mouvement terminé, les deux attaques se trouvaient arrêtées à 400 et 600 mètres de l'ennemi et à près de 600 mètres l'une de l'autre.

Il est à présumer que le chef de bataillon accompagnait la 1re compagnie, car, sans cela, il n'aurait jamais laissé les 2e et 3e aller jusqu'au Moulin de Goupillon ; les points de passage ne manquaient pas sur le ruisseau qui, d'ailleurs, était guéable partout ; les vignes, traversées par de nombreux sentiers et par une bonne route, ne présentaient pas d'obstacles sérieux à la marche. A 5 h. 1/2, le 1er bataillon était donc arrêté par des forces supérieures, il était déployé en entier, occupait un front de 800 mètres pour 3 compagnies et le bataillon de seconde ligne arrivait seulement dans Noisseville (2 kilomètres).

Ce bataillon $\left(\dfrac{\text{II}}{44}\right)$, qui venait de parcourir près de 9 kilomètres en cinq quarts d'heure, entrait dans Noisseville en colonne de route et se formait sur la lisière ouest par demi-bataillons. Son chef, informé de la situation critique du bataillon de tête, se préparait à se porter dans cette formation au secours du major Ziegler, lorsqu'un ordre du général Memerty, qui voulait se conserver au moins quelques troupes fraîches en réserve, vint lui prescrire de laisser deux compagnies à Noisseville ; le demi-bataillon (6. 7.) continuait donc seul sur la ligne de combat.

Les deux compagnies ainsi lancées en avant ne semblent pas avoir été renseignées sur la vraie situation du 1er bataillon (cette situation devait cependant être visible de Noisseville) ; car, au lieu de s'employer à combler l'intervalle séparant les deux fractions, elles vont faire de l'enveloppement pour leur propre compte.

Elles se dirigent vers la droite de la 1re compagnie et prolongent la ligne en essayant de pousser sur la corne nord du bois de Mey.

A 6 heures, il y a donc sur le plateau, 5 compagnies n'ayant plus guère chacune qu'un peloton en soutien ; se dissimulant habilement derrière tous les abris, dans des trous de cuisines, dans des trous de sable, les tirailleurs prussiens ont ouvert le feu à bonne portée (400 et 600 mètres), mais ils ne sont pas sans éprouver des pertes sanglantes. Leurs efforts pour se porter en

avant sont infructueux parce qu'ils sont décousus et qu'aucune
entente ne peut être établie entre les deux fractions trop éloignées.

L'ennemi embusqué le long de la lisière du bois et du village, non encore ébranlé par l'artillerie, riposte vigoureusement.

A cette même heure, les derniers bataillons de la 3e brigade
arrivant à la Brasserie, auraient dû rendre aux compagnies
$\left(\dfrac{5^e,\ 8^e}{44} \right)$ laissées à Noisseville, leur liberté d'action.

Fût-ce par ordre ou par oubli que cette liberté ne leur fut pas
rendue ? Par ordre, c'était exposer à un désastre les fractions
engagées sur le plateau et dont la situation périlleuse ne devait
pas être ignorée du général ; c'était aussi renoncer aux avantages qu'un solide point d'appui sur la droite pouvait procurer ;
point d'appui qu'il faudrait reconquérir sans doute plus tard,
avec de plus grands sacrifices encore. Si c'est par oubli, le commandant de ces deux compagnies serait alors doublement coupable : coupable pour n'avoir pas provoqué des ordres, coupable
pour n'avoir pas, usant de sa large initiative si en honneur dans
l'armée prussienne, couru au secours des camarades du bataillon en danger.

Ce demi-bataillon, partant à 6 heures de Noisseville, pouvait
arriver sur la ligne de combat avant 6 h. 1/2, avant la contre-
attaque française, et annihiler ou du moins rendre moins meur-
trière cette dernière.

Vers 6 h. 1/2, les Français prenaient l'offensive, culbutaient
sans peine cette longue ligne sans consistance qui leur en imposait cependant depuis une heure et, couronnant de nouveau la
crête, poursuivaient de leurs feux les cinq compagnies du 44e.

Ces dernières repassaient le ruisseau en désordre, aux abords
de Nouilly et leurs débris se rassemblaient dans la vallée, derrière le parc, au sud du village.

Les 5e et 8e compagnies avaient assisté, impuissantes, à cet
échec.

Marche du 4e régiment sur Lauvallier. — A leur arrivée à
6 heures, aux abords de la Brasserie, les bataillons du 4e régi-
ment qui suivaient le $\dfrac{\text{III}}{44}$, passèrent de leur formation de route,

à la formation en colonne serrée (colonne double). Le temps pressait et il y a tout lieu de croire que, jusqu'à la Brasserie, la formation en colonne de route fut conservée.

Nous supposerons également que le $\dfrac{III}{44}$ s'établissait en colonne double derrière les maisons au nord de la route, pendant que le 4e régiment, franchissant le carrefour, passait au sud de la chaussée, longeait cette dernière et venait s'établir en colonne de colonnes doubles, la tête à hauteur de la batterie de gauche. Il pouvait être ainsi masqué, en partie, par les arbres de la route, des vues et des coups de l'artillerie française établie au nord de Bellecroix.

L'emplacement, abrité derrière l'auberge voisine et son bouquet de bois, était déjà occupé par le 10e dragons.

Pendant que le 4e régiment prenait sa formation, le colonel von Tietzen recevait les instructions du général Memerty : il devait, avec deux bataillons, marcher au secours du 43e engagé au sud de la route et pousser, de concert avec ce dernier, sur Bellecroix.

Le colonel porte son 1er bataillon en avant, le 2e suivra à 200 mètres.

Le 1er bataillon traverse massé l'intervalle entre la batterie et la route et porte ensuite par un à-droite ses deux compagnies de tête (2e, 3e), au nord de la chaussée ; leur apparition au delà des arbres est saluée par une violente canonnade des batteries ennemies et quelques balles même, malgré la distance, viennent tomber au milieu des rangs. Le bataillon se porte aussitôt en avant, à cheval sur la route, les quatre compagnies en ligne, mais augmentant peu à peu leurs intervalles : le bataillon est en ligne de colonnes de compagnie, à intervalles de déploiement.

La pente est descendue rapidement et bientôt les compagnies prussiennes prennent part au combat du 43e.

Le 2e bataillon a suivi en colonne double le mouvement du 1er ; la ligne de l'artillerie franchie, le bataillon fait à-droite, passe au nord de la route et se redresse pour marcher derrière les 2e et 3e compagnies. Soumis comme ces deux dernières à un feu violent d'artillerie, le bataillon abandonne bientôt sa formation serrée pour prendre celle par demi-bataillons, — les deux compagnies de queue (5e, 8e) se portant à la hauteur des compagnies de tête (6e, 7e) et à leur droite.

Cette formation encore trop vulnérable fut cependant conservée jusqu'à Lauvallier, malgré les pertes qu'elle causa.

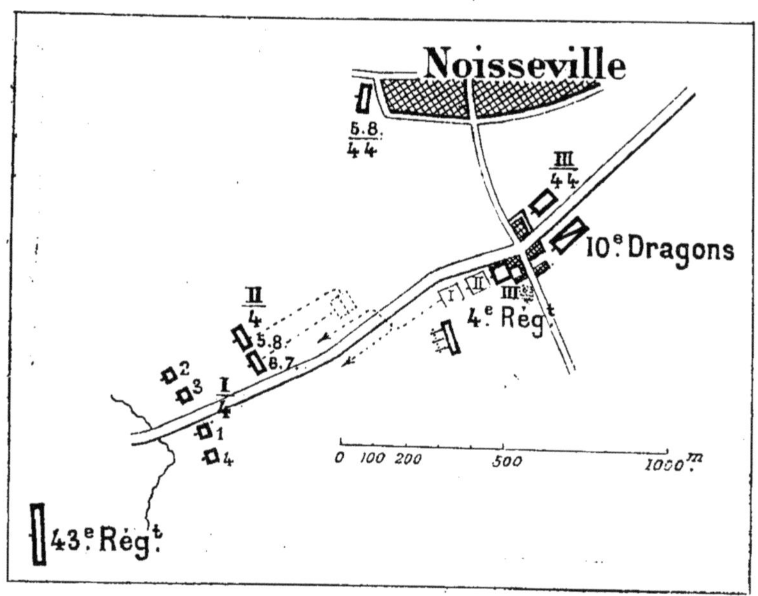

Les dispositions prises par le commandant du 1er bataillon furent très judicieuses : son bataillon massé tant qu'il est à l'abri, se déploie lorsque cet abri va lui faire défaut ; on ne pouvait, en effet, songer à suivre continuellement le bord sud de la route jusqu'à Lauvallier, la déclivité du sol ne devait pas tarder à rendre illusoire la protection donnée par les arbres de la chaussée.

Le 2e bataillon, convaincu que sa situation de bataillon de deuxième ligne lui interdit toute formation ouverte, ne prend pas les mêmes précautions, tout au plus se forme-t-il en demi-bataillons. Ses pertes sont très sensibles.

Ainsi donc, dans aucun des deux cas considérés, le bataillon de première ligne n'a pris la formation normale.

Préoccupés avant tout du but à atteindre et certains d'être

soutenus à bref délai, les chefs de bataillon mettent d'emblée leurs quatre compagnies sur la ligne de combat ; plus tard, même, si l'on s'en souvient, le chef du $\frac{III}{44}$ pour une attaque semblable, déploiera 8 des 12 pelotons de son bataillon.

Au 44e, l'attaque de front est conduite avec une compagnie, l'attaque de flanc par deux ; mais par suite de l'indépendance laissée à ces deux dernières, le développement est exagéré, les efforts décousus et infructueux.

Au 4e, les compagnies sont plus en main ; le front a un développement normal, le déploiement est méthodique ; le bataillon de deuxième ligne, malgré les pertes qu'il éprouve, conserve une formation demi-serrée.

L'attaque échoue au 44e, pour trois raisons : 1o manque de préparation par l'artillerie ; 2o trop grande dispersion des unités ; 3o éloignement des réserves ;

Au 4e, elle échouera par suite : 1o du manque de préparation par l'artillerie ; 2o de la force de la position à enlever.

Dans les deux régiments, conformément à l'instruction du 2 août, le feu n'est ouvert qu'à partir de 400 mètres (600 pour 2 compagnies du 44e).

Il nous reste pour finir, à signaler les faits suivants :

a) Le rassemblement du $\frac{III}{44}$, aux avant-postes, paraît avoir été plus que laborieux, puisque ce bataillon qui avait déjà commencé à faire rentrer ses postes lors du passage du général à Glattigny, se laissa devancer par le 2e bataillon parti des Etangs.

b) La $\frac{4^e}{44}$, appelée dès le début à former le soutien de l'artillerie, emploi qu'occupait déjà cependant le 10e dragons, va être séparée de son bataillon pour toute la durée du combat. Elle quitte cette position ingrate dès qu'elle le peut, et se rend au Moulin de Goupillon. Cette compagnie qui a peu combattu restait en réserve lors de la dernière attaque de Mey, 7 h. 1/2. Elle ne paraît donc pas avoir fait un brillant usage de l'initiative qui lui fut laissée.

c) Le déploiement prématuré du $\frac{III}{44}$, vers 7 h. 15, au sortir de Nouilly, met ce bataillon dans l'impossibilité de se mouvoir rapidement sur un terrain accidenté ; il perd son temps à faire un changement de direction et ne peut que rester en réserve.

d) Il y eut, vers 8 heures, sur le plateau de Mey, un tel mélange des compagnies de 5 régiments (1re, 2e et 3e brigades), que, le bois enlevé, toute direction fut impossible. Le 3e régiment avait marché tout entier déployé ; des fractions des régiments voisins s'étaient encore intercalées dans cette longue ligne ; personne n'avait songé à en retirer quelques groupes pour les réunir et en former un noyau de réserves qui aurait pu être d'un grand secours lors de la panique qui suivit.

Pertes. — Les pertes du 4e régiment (19 officiers, 483 hommes) avaient été subies surtout par les 1er bataillon, 5e et 8e compagnies.

Au 44e (23 officiers, 462 hommes) elles étaient à répartir surtout entre les 1re, 2e, 3e, 6e et 7e compagnies.

Les pertes des régiments de la brigade étaient bien moins considérables que celles subies par certains régiments du Ier corps, dans l'un desquels on comptait jusqu'à près de 800 hommes hors de combat.

Ce régiment, le 43e, avait dans une large mesure, fait usage de la formation normale par demi-bataillons ; le 3e régiment également, et ce dernier, dans sa seule marche de la route de Sarrelouis au ruisseau de Nouilly, à 7 heures, avait perdu près de 400 hommes.

Peu de jours après, le 16 août, croyons-nous, une décision du roi Guillaume proscrivait d'une façon absolue l'emploi du demi-bataillon groupé dans les bataillons de première ligne et invitait les généraux à faire précéder toute attaque d'infanterie, d'une préparation suffisante par l'artillerie.

BATAILLE DE BORNY

Les premières troupes de la 3ᵉ brigade vers 5 h. 15 du soir.

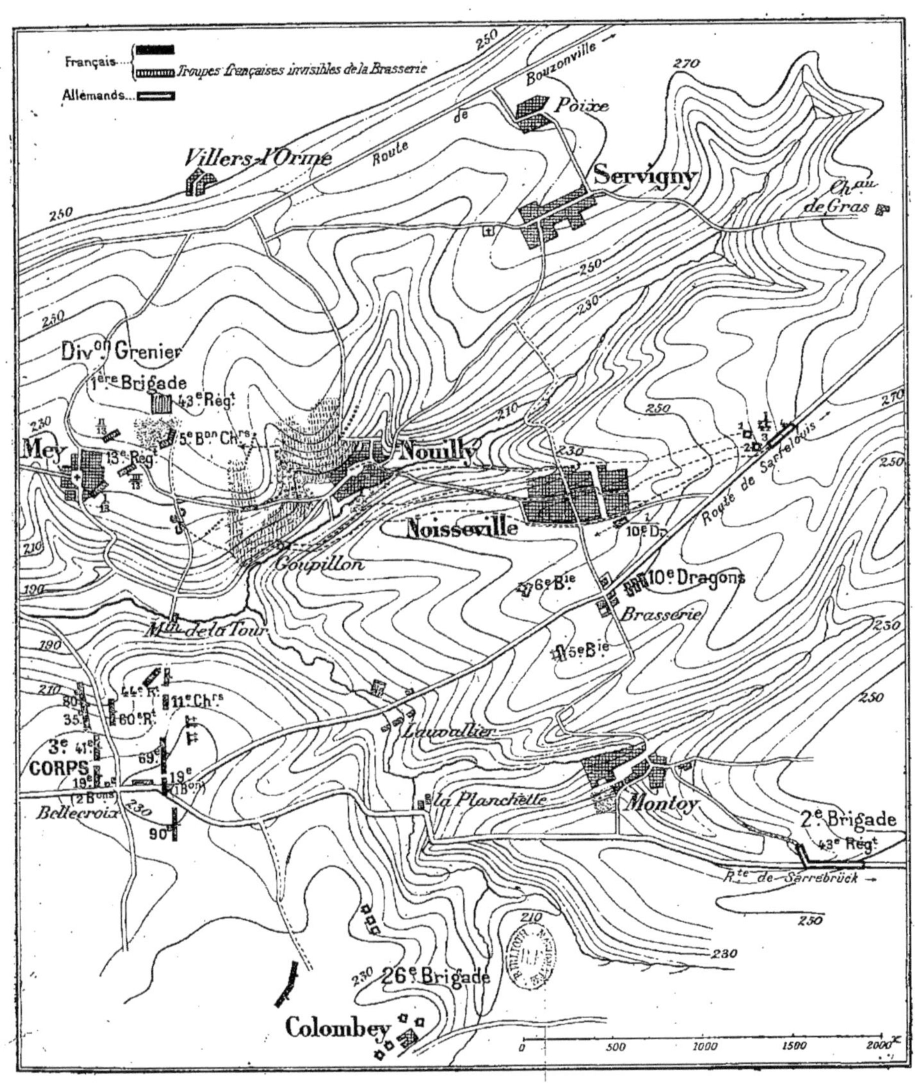

Grange.

NOISSEVILLE

La 3ᵉ brigade, dans le service d'investissement de la place de Metz, était cantonnée à Courcelles.

Dans la matinée du 31 août, elle recevait l'ordre de se porter à Retonfey, avec les deux batteries lourdes de la division, le $\frac{III}{4}$ était laissé à Frontigny, la 4ᵉ brigade avec le général de division restait dans le secteur Coincy—Mercy-lès-Metz.

Les cinq bataillons de la 3ᵉ brigade arrivaient à midi à Retonfey, ayant rallié au passage le 1ᵉʳ dragons (Flanville), et s'installaient en formation de rassemblement au nord-est du village, dans le vallon descendant du Petit-Marais.

A l'encontre de ce qui s'était passé le 14 août, le général Memerty eut tout le loisir, ce jour-là, d'examiner la stiuation sous toutes ses faces et d'établir son plan de combat ; la bataille ne commença en effet qu'à 4 heures.

Portons-nous donc, avec lui, à la cote 282, tout près de son « rendez-vous », et faisons un tour d'horizon.

D'abord l'ennemi. Ah ! voici un ennemi bien généreux, qui ne craint pas de montrer ses forces, et cependant, Dieu sait s'il en manque, des ravins et des bois, sur ces maudits plateaux de Mey, Colombey, Bellecroix ! Pas un bataillon qui ne soit en vue ! Les lignes s'étagent comme dans les panoramas des batailles de Gustave-Adolphe ; l'artillerie à sa place entre les divisions: c'est réellement imposant. Il y a au moins un corps d'armée là, en face, à Bellecroix, autant à Mey, et à Grimont aussi, sans doute ; en arrière des réserves nombreuses ; mais c'est la répétition de la journée du 26 ! Pourquoi n'attaquent-ils pas ? Allons bon, les voilà qui font la soupe, à présent ! Quelle drôle de sortie !

Voyons chez nous. Voici la 1ʳᵉ division qui tient le plateau de Sainte-Barbe ; le front est couvert de tranchées et comprend les points d'appui de Noisseville, Servigny, Poixe et, paraît-il,

Failly, au delà de la route de Bouzonville ; cela lui donne un développement de près de 4 kilomètres.

Si le général von Bentheim se décide pour la défense à outrance de la ligne des villages, Noisseville, point d'appui de gauche, paraît bien en danger. Le théâtre d'action de la 3e brigade est tout indiqué : c'est la route de Sarrelouis.

Au sud, la route de Sarrebrück, non directement menacée il est vrai, n'est défendue que par trois régiments de cavalerie (10e dragons et une brigade de la 3e division de cavalerie) et une batterie.

Heureusement, la journée s'avance et les camarades des VIIe, IXe et Xe corps ne restent pas inactifs.

En effet, pendant que l'armée française, rongeant son frein, attendait avec impatience le moment de se porter en avant, pendant que son chef, absorbé tout entier par la construction d'une batterie pour grosses pièces de place, oubliait de donner le signal de l'attaque, le prince Frédéric-Charles, du haut de son observatoire du Horimont, au delà de la Moselle, faisait acheminer en grande hâte, vers le théâtre futur de l'action, toutes les troupes disponibles des corps voisins.

A 4 heures, enfin, le canon tonne ; c'est l'artillerie française établie à l'ouest de Nouilly et vers Bellecroix qui tire sur Servigny et Noisseville.

Les troupes prussiennes prennent leurs emplacements de combat : la 1re brigade dans les villages fortifiés, l'artillerie (10 batteries), vient s'établir à 500 mètres environ en avant de la première ligne de tranchées, à l'ouest de Servigny.

La 3e brigade conserve sa position d'attente et envoie une compagnie $\left(\dfrac{10e}{44}\right)$ à Flanville, une compagnie $\left(\dfrac{2e}{4}\right)$ à la Brasserie. Noisseville était défendu par un bataillon du 1er régiment, lequel détachait deux pelotons à la Brasserie.

Un peu avant 4 h. 1/2, on voit des hauteurs de Petit-Marais l'infanterie en position sur les pentes de Bellecroix se mettre en mouvement, d'une part dans la direction de la route de Sarrebrück, d'autre part dans la direction du Goupillon.

Vers 5 heures, alors que les colonnes ennemies ont disparu depuis un instant déjà dans le ravin, le canon se fait entendre soudain très rapproché ; c'est de l'artillerie française qui, établie sur la route de Sarrelouis, tire à moins de 1000 mètres sur la Brasserie. Le général Memerty porte aussitôt sa brigade en avant.

Voyons ce qui s'était passé. Nous exposerons, avec quelques détails, cette attaque de la brigade Clinchant sur Noisseville et nous en donnerons les motifs plus tard.

C'était le 3e corps qui occupait le plateau de Bellecroix et les pentes sud du plateau de Mey ; pendant que sa 3e division (Metman) attaquerait la position de Servigny, la 1re division (Montaudon) devait aborder le front Montoy—Noisseville. Les divisions Aymard et Bastoul (2e corps) suivaient en réserve. Le 4e corps devait marcher par la route de Bouzonville.

Notre artillerie est bientôt réduite au silence et le 4e corps arrêté dans son mouvement offensif par le formidable déploiement des batteries allemandes de Servigny ; par contre, les divisions du 3e corps, moins exposées, s'ébranlent vers 4 h. 1/2. Nous suivrons la 1re division.

La 1re brigade (Dauphin) prend sa direction sur Montoy par la Planchette ; la 2e brigade (Clinchant) est chargée de l'attaque sur la route de Sarrelouis.

Combat de la brigade Clinchant (81e et 95e de ligne). — Le 95e, qui avait occupé Noisseville dans la journée du 26 août, formait la première ligne, le 81e était en réserve. Le 95e, après avoir marché dans la direction du nord, descend brusquement les pentes et revient sur ses pas, vers Lauvallier, à l'abri des vues des défenseurs de la Brasserie et de Noisseville, se masser au pied de la descente de la route de Sarrelouis. La batterie qui accompagne le régiment s'établit sur la première crête, à moins de 1000 mètres de la Brasserie, et canonne cette dernière.

Un peu avant 5 h. 1/4, le 2e bataillon du 95e, formé en trois colonnes de divisions, sur front de section, les sections têtes de chaque colonne déployées en tirailleurs, se met en marche par échelons, la droite en avant, et aborde la Brasserie ; la lutte est courte mais sanglante, et les débris de la garnison $\left(\dfrac{2^e}{4}, 2\right.$ pelotons du $\left.\dfrac{\text{I}}{1^{er}}\right)$ sont rejetés sur Noisseville.

Le 1er bataillon, ayant trois compagnies en tirailleurs, marchait peu après contre le village.

Vers 5 h. 1/2, Noisseville est enlevé : le $\dfrac{\text{I}}{1^{er}}$ se retire dans le nord-est ; la $\dfrac{2^e}{4}$ sur la route de Sarrelouis.

Sur ces entrefaites, la brigade Dauphin avait franchi le pont de la Planchette et s'approchait de Montoy, canonnée durant sa marche par la batterie à cheval de la 3e division de cavalerie établie vers Flanville.

Engagement de la 3e brigade.

Revenons à notre 3e brigade.

Mise en route vers 5 heures, la 3e brigade avait environ 2,500 mètres à parcourir pour arriver à la Brasserie, sur un terrain non battu par l'artillerie, mais que l'infanterie ennemie pouvait tenir sous son feu d'un moment à l'autre.

Le général Memerty donne comme direction de marche la croupe au sud de la Brasserie et prend la formation suivante :

L'infanterie sur trois lignes par régiments accolés ;

1re ligne : ligne de colonnes de compagnie (2 bataillons) ;

2e ligne : par demi-bataillons de compagnie (2 bataillons) ;

3e ligne : formation serrée, colonne double (1 bataillon) ;

Les trois escadrons du 1er dragons en arrière et à gauche du régiment de gauche (44e) ;

Les deux batteries à 150 mètres en avant du régiment de droite (4e).

Après avoir dépassé Retonfey, la $\dfrac{4^e}{44}$ est envoyée rejoindre la 10e compagnie à Flanville ; la brigade poursuit sa marche, le bataillon de tête de colonne de gauche $\left(\dfrac{\text{III}}{44}\right)$ obliquant peu à peu sur Montoy où apparaissent des groupes ennemis.

Un peu avant 5 h. 1/2, on voit, à 1000 mètres en avant, les défenseurs de la Brasserie se replier en désordre sur Noisseville et les abords de la position se couvrir de troupes françaises ; la brigade s'arrête et l'artillerie se met en batterie ; mais les événements se précipitent : en avant, les forces ennemies paraissent converger sur Noisseville ; à gauche, l'avant-garde de la colonne Dauphin est sur le point d'entrer à Montoy.

Le général veut faire face partout et fractionne sa brigade :

Le $\frac{\text{I}}{4}$ avec les deux batteries, restera devant la Brasserie ;

Le $\frac{\text{II}}{4}$ marchera sur Noisseville ;

Le 44e tout entier sur Montoy. La manœuvre ne pouvait réussir.

Marche du $\frac{\text{II}}{4}$ sur Noisseville. — Le 2e bataillon paraît avoir déboîté de la colonne un peu avant 5 h. 1/2. Il lui fallait d'abord traverser la route de Sarrelouis, puis s'engager dans une légère ondulation qui le conduisait droit au village. Le bataillon conservant sa formation primitive (demi-bataillon), oblique à droite et traverse la route. Il est assailli aussitôt, sur son flanc gauche, par une grêle de balles partant de la Brasserie, 1200 mètres, et éprouve quelques pertes ; mais il ne tarde pas à se trouver à l'abri dans le vallon et rencontre bientôt la $\frac{2e}{4}$ qui venait d'évacuer Noisseville ; néanmoins, le chef du 2e bataillon continue sa route et se heurte, sur la lisière, à des fractions du 95e.

N'espérant pas reconquérir à lui seul une position perdue par une troupe supérieure à la sienne, il se retire. A 6 heures, ce bataillon était revenu sur la route de Sarrelouis.

A en croire la Relation allemande, le $\frac{\text{II}}{4}$ serait entré dans Noisseville, évacué par ses défenseurs, mais non encore occupé par le 1er bataillon du 95e ; il faudrait pour cela que ce $\frac{\text{II}}{4}$ eût pénétré *aussitôt après l'évacuation*, et alors, comment concilier cette arrivée hâtive avec ce passage de la Relation expliquant l'abandon de Noisseville par le 1er régiment : « *Et les renforts annoncés ne paraissaient pas encore* ».

Quant à la $\frac{2e}{4}$, privée de presque tous ses officiers, son capitaine resté à la Brasserie blessé mortellement, ayant perdu près de 60 prisonniers, elle errait sur le champ de bataille ; nous la retrouverons, la nuit, à Courcelles, avec des fractions égarées de la 3e brigade.

Action du $\frac{I}{4}$ *devant la Brasserie.* — Le 1er bataillon, réduit à trois compagnies, s'établit en soutien d'artillerie, d'abord en arrière des batteries, la 1re compagnie contre la route. L'ennemi se renforçait et son feu bien dirigé causait, malgré la distance, des pertes très sérieuses aux deux batteries (1000 mètres). Le tir à cette distance était interdit aux Allemands, en raison de leur armement. Le bataillon se porte en avant, dépasse l'artillerie et s'arrête à environ 600 mètres de la ligne française ; les hommes se couchent et ouvrent le feu. Vers 6 heures, on apprend l'échec du 44e à Montoy, et le $\frac{I^{er}}{4}$ est invité à en protéger la retraite.

La compagnie de gauche fait un léger changement de direction à gauche avec deux pelotons, et son tir arrête pendant quelque temps des fractions françaises qui surgissent sur les crêtes, au nord de Montoy ; mais les troupes ennemies de la Brasserie se portant en avant à leur tour, la position n'était plus tenable ; les deux batteries rappelées en toute hâte à Retonfey, venaient de se replier, le 1er bataillon ne tardait pas à les suivre ; les trois escadrons de dragons manœuvraient de façon à soutenir sa retraite.

Attaque de Montoy par le 44e régiment. — Le 44e régiment, dans sa marche sur Montoy (1300 mètres), conservait sa formation primitive sur trois lignes ; il ne comptait plus que dix compagnies.

Les compagnies de tête (9e, 11e, 12e), appuyant à gauche, descendent dans le ravin, sauf la 9e qui marche à mi-côte.

Les faces nord et est de Montoy se garnissent peu à peu de défenseurs qui ouvrent un feu nourri contre le 44e, mais sans grand effet meurtrier.

A 500 mètres du village, les 11e et 12e franchissent le ruisseau et s'élèvent sur les pentes sud du ravin, augmentant ainsi fortement l'intervalle qui les sépare de la 9e ; cette dernière, engagée dans des vignes, s'arrête à 300 mètres du village et entame la fusillade ; la 3e compagnie est envoyée combler le vide existant entre les compagnies du 3e bataillon.

Vers 5 h. 45, la situation était la suivante : quatre compagnies se déployant en demi-cercle menaçaient (300 à 400 mètres) les entrées nord et est du village ; un peloton de la 10e, sorti de Flanville, était sur le point de se réunir à la 12e compagnie.

Une batterie, de Flanville également, tirait sur Montoy.

Quant à la 6e brigade de cavalerie et au 10e dragons, ils restaient immobiles.

Du côté de l'ennemi, Montoy ne paraissait pas fortement occupé et, de la position où se trouvait le colonel de Bœcking, il était impossible d'apercevoir ce qui se passait à l'ouest du village ; la cavalerie aurait pu s'en rendre compte, elle ne paraît pas y avoir songé.

Le colonel commandant le 44e résolut d'enlever Montoy par une attaque brusquée et, un peu avant 6 heures, la première ligne est lancée au pas de course sur le village.

Le reste du 1er bataillon (1re, 2e compagnies) est maintenu en réserve derrière les 11e et 12e compagnies.

Vigoureusement enlevées, les compagnies abordent rapidement la lisière extérieure : la 3e pénètre en combattant dans le village, mais les 11e et 12e, parvenues au sommet de la croupe, vers le chemin de Saint-Aignan, sont subitement assaillies par des masses nombreuses longeant la lisière sud (51e français). Les deux compagnies sont dispersées et leurs débris ne s'échappent qu'à grand'peine, les uns vers Flanville, les autres vers Retonfey.

Dans le village, la 3e subissait au même moment un désastre encore plus grand : enveloppée en partie, elle perdait la moitié de son effectif, l'autre moitié s'enfuyait vers Flanville.

La 9e compagnie n'avait pu prendre part à l'attaque, retardée par des difficultés de terrain ; elle soutenait la retraite, de concert avec les 1re et 2e compagnies, établies au delà du ruisseau.

Le 2e bataillon, laissant la 5e compagnie pour recueillir le tout, se dirigeait en toute hâte sur Retonfey où il trouvait les deux batteries rappelées de la Brasserie.

Les Français se portent en avant des deux côtés du ruisseau, mais, fusillés par l'infanterie de Flanville et de la route de Sarrelouis, canonnés à droite par une batterie, en face par deux, n'ayant eux-mêmes pas d'artillerie pour y répondre, ils s'arrêtent, et le combat dégénère en une action de pied ferme dont l'intensité diminue peu à peu pour prendre fin, vers 7 heures, à la nuit tombante.

7 heures. — Le général Memerty rassemblait ses troupes les plus à portée et les établissait sur deux lignes au nord-ouest de Retonfey, la droite à la route de Sarrelouis.

La position était critique et rien ne s'opposait plus, que l'obscurité, à la marche en avant des Français. La 3ᵉ brigade, désorganisée, ne comptait que deux bataillons en état de combattre vigoureusement.

On était sans nouvelles de cette longue colonne (division Bastoul), que l'on avait vue descendre, vers 6 heures, sur la Planchette; allait-elle pousser la brigade Dauphin de Montoy sur Retonfey, ou prendrait-elle par la route de Sarrebrück ?

Des avis venus du 10ᵉ dragons annonçaient la perte d'Aubigny et de Coincy par les avant-postes de la 4ᵉ brigade (ces localités avaient été enlevées par la brigade Lapasset et les dragons Clérambault).

Enfin, en face de la position principale, on avait vu les batteries prussiennes reculer en arrière de Servigny, et la fusillade qui se faisait entendre, à présent, acharnée et violente, indiquait assez que les Français abordaient les villages fortifiés de la 1ʳᵉ division.

Vers 7 h. 1/2, la 3ᵉ brigade était ainsi reformée :

Au nord-ouest de Retonfey, avec le général de brigade : 1ʳᵉ ligne, $\dfrac{1^{er},\ II,\ 3^{e},\ 4^{e}}{4}$, soit sept compagnies; 2ᵉ ligne, $\dfrac{1^{er},\ 2^{e},\ \text{débris des } 5^{e},\ 9^{e},\ 11^{e},\ 12^{e}}{44}$, soit trois compagnies environ; (à gauche de la 2ᵉ ligne, les deux batteries puis les trois escadrons); à Retonfey : $\dfrac{11}{44}$ moins une partie de la 5ᵉ, soit quatre compagnies; à Flanville : $\dfrac{2}{4}$, $\dfrac{4^{e},\ 10^{a},\ \text{et débris des } 9^{e},\ 11^{e},\ 12^{e}}{44}$, soit quatre compagnies environ.

La brigade ne comprenait plus que dix-huit compagnies ou groupes au lieu de vingt ; la $\frac{3^e}{44}$ n'existait plus, les survivants s'étaient dispersés dans les compagnies voisines, et les débris des $\frac{9^e, 11^e, 12^e}{44}$ s'étaient ralliés en deux groupes que l'on essayait de former en compagnies.

8 heures. — A 8 heures du soir, la fusillade qui avait presque cessé un instant, reprenait encore avec plus de violence sur le front de la 1re division ; c'était la 2e brigade qui exécutait une contre-attaque entre Poixe et Servigny. Le général Memerty l'ignorait ; il pouvait attribuer cette reprise du feu soit à une nouvelle attaque française vers la route de Bouzonville, soit à l'entrée en ligne des troupes ayant enlevé Noisseville et avec lesquelles on avait, à grand tort, perdu tout contact ; cette inter· vention si redoutable pour la 1re division pouvait décider, en un instant, du sort de la journée ; il fallait absolument l'arrêter.

Le général recevait, à ce moment, une batterie de la division de réserve ; c'était tout ce que le général Manteuffel pouvait lui envoyer.

2e attaque de Noisseville. — Il fait sortir ses trois batteries et les fait porter en avant pour canonner Noisseville ; cette artillerie se taisait bientôt, l'obscurité complète depuis longtemps ne lui permettait pas de distinguer son objectif, puis il engage les dix compagnies qu'il a sous la main dans la direction du village.

La 1re ligne (sept compagnies du 4e) se constitue une réserve de deux compagnies ;

La 2e ligne (trois compagnies du 44e) suit à 200 mètres ;

Les trois escadrons flanquent à gauche.

La marche s'exécute aux sons des fifres et des tambours ; on traverse la grande route, et pendant que les fractions de droite $\frac{(1^{re}, II)}{4}$ continuent sur Noisseville, les $\frac{3^e \text{ et } 4^e}{4}$ marchent sur la Brasserie.

Prévenues de loin par le son du tambour, les sections avancées du 95e ne tardent pas à se replier en annonçant, celle de la route de Sarrelouis, l'approche d'une forte colonne ennemie.

Les $\dfrac{3^e \text{ et } 4^e}{4}$, assaillies soudain par une vive fusillade, sont rejetées en arrière; l'arrivée des trois compagnies du 44e qui ont longé la route au sud, arrête, il est vrai, ce mouvement de recul, mais c'est tout; le combat cesse sur ce point.

Plus au nord, les $\dfrac{1^{er} \text{ et } II}{4}$ parviennent, sans difficultés, jusqu'aux abords de Noisseville; la 1re compagnie voulant gravir les pentes du coteau, à droite du village, tombe bientôt sous le feu de troupes postées dans les vignes; elle se replie et va rejoindre sur la route de Sarrelouis les deux autres compagnies de son bataillon.

Quant au 2e bataillon, il rencontrait peu de résistance, refoulait devant lui quelques hommes du 95e et s'installait dans la partie est du village.

Il était 9 heures.

9 heures. — A cette même heure, le détachement de la 3e brigade qui était resté à Flanville, en était expulsé, et son chef, en rendant compte de cet événement, apprenait au général Memerty que des troupes françaises nombreuses approchaient de Saint-Aignan, sur la route de Sarrebrück. C'était la division Bastoul qui, après son laborieux passage du défilé de la Planchette, s'engageait sur la route de Sarrebrück, poussant devant elle le 18e bataillon de chasseurs (division Montaudon), flanquée à gauche par le 51e (brigade Dauphin). Les fractions prussiennes qui occupaient Flanville, parvinrent par leur feu à arrêter le 51e pendant quelques instants, mais menacées au sud par les chasseurs à pied, elles durent battre en retraite et se retirèrent par le chemin qui conduit à Retonfey. N'étant pas poursuivi, le commandant du détachement s'arrêtait à 400 ou 500 mètres de Flanville, se couvrait par des postes et rendait compte.

Ce renseignement parvint au général Memerty vers 9 h. 1/2; ce dernier donnait aussitôt des ordres en vue de concentrer sa brigade au Petit-Marais.

Le mouvement commence de suite : les compagnies engagées sur la route de Sarrelouis, le $\dfrac{II}{44}$ de Retonfey se replient sans incidents; le $\dfrac{II}{4}$ évacue Noisseville; un peu avant 10 heures, des hourras, des sonneries allemandes retentissent vers Servigny et la fusillade reprend sur le plateau ; le $\frac{\mathrm{II}}{4}$, déjà arrivé sur la grande route, reçoit l'ordre d'aller réoccuper Noisseville ; il se remet face en avant et marche pour la troisième fois, depuis 5 h. 1/2, sur le village ; cette fois il est moins heureux : il en trouve les maisons de la lisière est garnies de défenseurs et se replie sans tenter d'effort sérieux ; il reçoit bientôt l'ordre d'aller occuper le château de Gras où il arrive vers 11 heures du soir.

A minuit, la brigade était réunie en partie à l'embranchement du Petit-Marais.

Le rassemblement était couvert sur la route de Sarrelouis par deux compagnies $\left(\frac{1^{re}, 2^e}{44}\right)$ installées vers la cote 282.

Vers minuit et demie, le général étant sans nouvelles du détachement repoussé de Flanville, envoyait deux compagnies $\left(\frac{6^e, 7^e}{44}\right)$ dans cette direction. Ces deux compagnies se heurtent, vers 1 heure du matin, aux postes français établis en avant du village ; elles s'arrêtent, prennent position à 400 ou 500 mètres et se creusent quelques abris ; elles couvrent ainsi, pendant le reste de la nuit, le rassemblement de la brigade vers Flanville.

A cette même heure (1 heure), le détachement perdu $\left(\dfrac{\dfrac{2}{4}, 4^e, 10^e, \text{débris des } 9^e, 11^e, 12^e}{44}\right)$ arrivait à Courcelles, à 9 kilomètres au sud de Petit-Marais. Sur la foi d'un faux renseignement, il avait quitté peu après 11 heures la position qu'il occupait en face de Flanville et s'était dirigé sur Courcelles croyant y retrouver la brigade ; il essuyait, en passant, quelques coups de feu partis de Puche (18e bataillon de chasseurs) et arrivait à Courcelles où il trouvait la 28e brigade ; il bivouaquait à côté d'elle.

Le combat avait cessé sur toute l'étendue du champ de bataille.

Au campement de la 3e brigade, on devait supputer avec anxiété les chances de la journée qui se préparait. Les troupes étaient épuisées et l'avaient laissé voir dans leur retour offensif de 8 heures du soir ; quatre compagnies avaient disparu sans qu'on pût savoir où elles étaient passées ; les $\dfrac{\text{I, III}}{44}$ et le $\dfrac{\text{I}}{4}$ décimés, avaient perdu presque tous leurs officiers ; deux bataillons seuls étaient presque intacts $\left(\dfrac{\text{II}}{4} \text{ et } \dfrac{\text{II}}{44}\right)$.

Mais, au moins, les résultats obtenus étaient-ils en rapport avec les sacrifices consentis ? Tout bien pesé, le général devait croire que non, puisque, malgré les 500 ou 600 braves tombés dans Montoy et devant la Brasserie, il n'avait pu s'opposer à la marche de cette division qu'on lui signalait à Flanville.

Le général Memerty ne pouvait deviner que c'était sa marche sur Montoy avec le 44e, un peu avant 6 heures du soir, qui avait fait dévier cette division française de sa direction primitive ; il ne pouvait soupçonner que, au lieu d'être isolée et en l'air à Flanville, la division Bastoul, à cette heure, bivouaquerait peut-être au Petit-Marais, à la place de la 3ᵉ brigade, ayant poussé devant elle les brigades Dauphin et Clinchant dont, paraît-il, elle devait former la réserve.

C'était là le plus clair résultat de l'intervention de la 3ᵉ brigade : les premières réserves ennemies avaient été détournées de leur mission et l'inaction de la brigade Clinchant, après ses premiers succès, s'expliquait alors.

La nuit, en venant mettre un terme à l'offensive française, n'arrêtait pas pour cela la marche des renforts promis et impatiemment attendus, et le général commandant la 3ᵉ brigade était prévenu qu'aux premières heures du jour, la 25ᵉ division (IXᵉ corps) serait à Sainte-Barbe, ainsi que deux brigades de la division de réserve ; en outre, le XIIIᵉ corps, venant d'Allemagne, devait arriver aux Etangs dans la journée.

Au sud, la 3ᵉ brigade pouvait compter sur la coopération de la 28ᵃ, appelée de Courcelles.

Néanmoins, la situation ne laissait pas d'être peu rassurante : l'entrée en ligne de nombreuses réserves françaises que l'on avait vues, jusqu'à la chute du jour, sur les plateaux de Metz, allait tout à l'heure balancer l'arrivée des troupes fraîches allemandes, et la présence de cette division ennemie sur la route de Sarrebrück constituait la plus grave menace pour la position de Sainte-Barbe.

1er septembre.

Bien avant 5 heures du matin, chacun est debout dans les deux camps ; un brouillard épais s'étend sur le champ de bataille, et, pendant que les Français, fiers de leurs succès de la veille, sont tout étonnés de ne pas encore recevoir l'ordre de se porter en avant, le roulement des voitures d'artillerie sur les hauteurs de Sainte-Barbe annonce la mise en batterie de l'artillerie prussienne.

La prise de possession du terrain par les Français, la veille, s'était faite dans l'obscurité absolue, sauf à Noisseville—Brasserie, et cette occupation était presque partout défectueuse ; le brouillard d'abord, l'offensive prussienne si matinale ensuite, vont interdire toute rectification, toute manœuvre préparatoire dans les troupes françaises ; ajoutons également que les réserves de ces dernières ne parurent pas sur le champ de bataille.

Au lever du jour, des reconnaissances sorties de Flanville signalaient la présence des deux compagnies $\left(\dfrac{6^e,\ 7^e}{44}\right)$ qui avaient passé la nuit à 400 mètres du village. Ces dernières se sentant éventées et craignant d'être enlevées au milieu du brouillard, se replièrent sur Retonfey.

La situation en était là, lorsque le général Manteuffel, qui venait seulement d'apprendre que Noisseville était encore aux mains de l'ennemi, donna des ordres pour une offensive immédiate.

Le général commandant la 1re division, de Bentheim, était chargé d'attaquer Noisseville le plus tôt possible ; le général Memerty était invité à seconder l'opération.

La 3e brigade devait donc concourir à une action dirigée vers l'ouest, alors que, au sud, des forces ennemies nombreuses étaient à moins de 3 kilomètres, sans qu'on pût rien préjuger de leurs intentions.

Le général Memerty ne voulut s'engager contre Noisseville que lorsqu'il serait fixé sur les mouvements de la division Bastoul.

Il prescrivait donc, vers 5 h. 1/2, aux deux batteries de sa brigade, de se porter entre Retonfey et la route de Sarrelouis et de s'établir face au sud (la batterie de réserve rejoignait sa division) ; le 1er dragons servait de soutien.

Vers 6 heures, le brouillard se levait, les deux batteries canonnaient aussitôt Flanville et ses abords ; la bataille recommençait et c'étaient les Allemands qui prenaient l'initiative de l'attaque ! Le canon retentissait également vers Servigny ; c'était l'artillerie

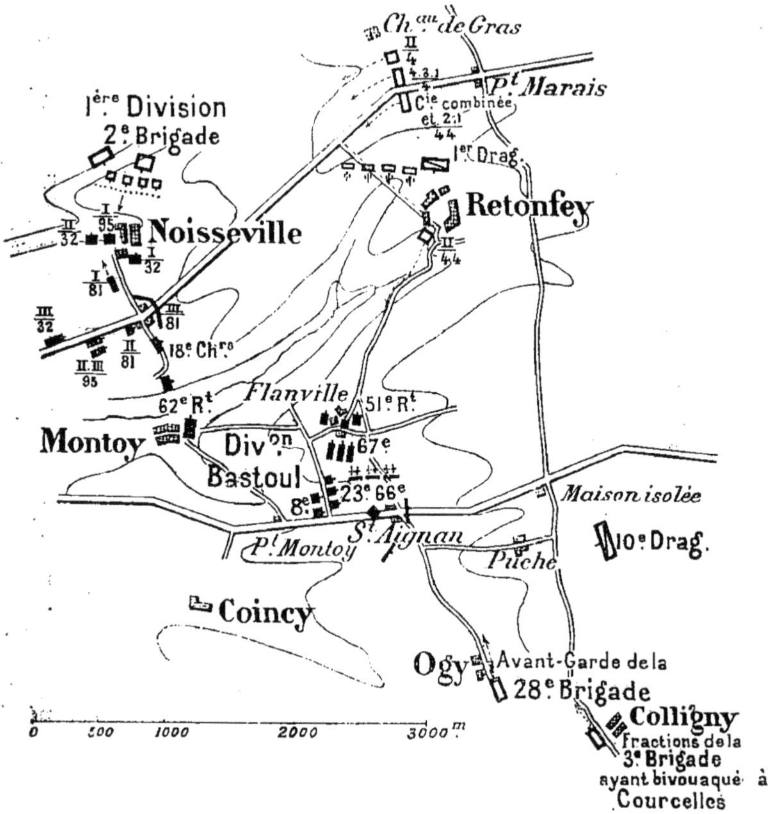

de la 1re division (trois batteries) qui tirait sur Noisseville, préludant ainsi à l'attaque de son infanterie.

De la cote 282, on pouvait alors suivre le développement des lignes françaises, et les forces imposantes que l'on apercevait vers Saint-Aignan ne faisaient qu'encourager le commandant de la 3e brigade à persister dans son idée première.

Bien plus, il faisait demander de l'artillerie au général Manteuffel et envoyait les $\dfrac{5^e, 8^e}{44}$ rejoindre, à Retonfey, les 6e et 7e compagnies qui s'y trouvaient déjà.

Un peu avant 7 heures, deux nouvelles batteries (artillerie de corps) venaient prolonger à gauche la ligne de l'artillerie de la 3e brigade et leur feu paraissait immobiliser les troupes de Flanville et de Saint-Aignan ; on apercevait en même temps des colonnes venant de la direction de Courcelles, sur le point de s'engager dans Colligny et vers Ogy. Le 10e dragons faisait connaître que c'était la 28e brigade.

Rassuré sur son flanc gauche, le général Memerty se mettait alors en mesure de participer à l'attaque de Noisseville et prescrivait au bataillon du 44e, qu'il laissait à Retonfey, de marcher sur Flanville dès que la 28e brigade entrerait en ligne.

3e attaque de Noisseville. — Le général forme ses troupes par régiments accolés : les sept compagnies du 4e à droite, les trois compagnies du 44e à gauche ; le 4e, au nord de la route, a pour objectif Noisseville ; le 44e, au sud, marche sur la Brasserie. Le mouvement commence à 7 heures.

Or, à ce moment déjà, la lutte bat son plein dans Noisseville, et la 3e brigade a près de 3 kilomètres à parcourir. On ne tarde pas à voir des contingents prussiens sortir du village en désordre et se replier sur les coteaux de Servigny ; mais comme d'autres fractions paraissent se reporter en avant pour recommencer la lutte, la brigade continue sa marche.

Bientôt la position ennemie se couvre de fumée et la fusillade éclate de Noisseville jusqu'à hauteur de Montoy.

Les compagnies du 44e, engagées au sud de la route, fusillées de front et à gauche, sont les premières obligées à s'arrêter ; elles sont à 600 mètres de la Brasserie.

Au nord de la route, la direction de marche des $\dfrac{1^{er}, 3^e, 4^e}{4}$, les amenait dans l'intervalle entre la Brasserie et Noisseville ; le feu y est moins violent (le 1er bataillon du 81e avait été appelé dans Noisseville) et les compagnies prussiennes sont sur le point d'aborder le chemin reliant ces deux localités, lorsqu'une troupe ennemie, débouchant brusquement de derrière les bâtiments de la Brasserie, exécute une vigoureuse contre-attaque (2e bataillon du 81e) ; les trois compagnies du 4e sont rejetées en arrière, elles se replient en désordre à hauteur des compagnies du 44e, arrêtées sur la route.

A l'aile droite, le $\frac{II}{4}$ marche sur Noisseville ; engagé dans le vallon qui commençait à lui devenir familier, ce bataillon souffre peu du feu de la Brasserie.

Il est encore à plus de 800 mètres du village, lorsque les dernières troupes prussiennes de la 1re division sont refoulées violemment vers le nord et disparaissent dans le ravin de Nouilly.

Les deux compagnies de droite, le colonel à leur tête, parviennent cependant à gagner les jardins au nord-est, mais il leur est impossible d'aller plus loin; la face est du village se couvrait de défenseurs laissés libres par la cessation du combat à l'intérieur et leur feu mettait un terme à toute offensive de ce côté.

Le général fait replier le 2e bataillon sur la route de Sarrelouis ; puis, vers 8 heures, la 1re division ne paraissant pas disposée à renouveler son attaque, la 3e brigade bat en retraite pour s'arrêter à hauteur de Retonfey.

Le général Memerty avait donc échoué, pour la troisième fois, dans ses attaques sur Noisseville et, intérieurement, il devait se féliciter d'avoir affaire à un ennemi si accommodant, qui ne faisait aucune poursuite et ne songeait pas à profiter de ses avantages.

A gauche, la situation était rassurante, les quatre batteries de Retonfey canonnaient toujours les troupes de la route de Sarrebrück ; Flanville était en flammes et l'on voyait distinctement le $\frac{II}{44}$ et la 28e brigade resserrer leur cercle autour de ce village.

Jusqu'à 10 h. 1/2, la 3e brigade, de sa position de Retonfey, va assister à l'écrasement de Noisseville par l'artillerie allemande.

Un peu avant 9 heures, l'artillerie du IXe corps entrait en action à Servigny et sur la route de Sarrelouis.

Vers Poixe, six batteries du Ier corps maintenaient les troupes du général de Ladmirault; enfin, vers 9 heures, lors de l'enlèvement de Flanville, les quatre batteries de la 3e brigade faisaient face à droite et canonnaient la Brasserie.

Ces 114 pièces vont, pendant deux heures, écraser les troupes françaises sous un ouragan de fer, réduire en cendres Noisseville et la Brasserie et frayer ainsi le chemin à la dernière attaque prussienne.

Action devant Flanville. — Voyons à présent l'engagement du $\frac{II}{44}$ devant Flanville.

Le chef de ce bataillon recevait de son général, à 7 heures, l'ordre de marcher sur Flanville en combinant son attaque avec celle de la 28e brigade ; une batterie à cheval hessoise (IXe corps) venait se mettre en batterie au sud-ouest de Retonfey et joignait son action à celle de l'artillerie établie au nord.

Flanville était donc canonné par trente pièces d'artillerie.

Après 7 heures, on aperçoit, de Retonfey, les troupes de la 28e brigade s'approcher, en formation de combat, de Puche et de la Maison isolée ; le commandant du $\frac{II}{44}$ se porte aussitôt en avant : 6e et 7e en première ligne, à cheval sur le chemin Retonfey—Flanville ; ces compagnies repoussent quelques fractions en position sur les pentes, mais sont arrêtées par le feu des défenseurs de la lisière. L'attaque de la 28e brigade paraissant éprouver du retard, le commandant du 2e bataillon fait reculer ses compagnies : la première ligne prend position dans les abris qu'elle avait creusés pendant la nuit précédente et entame un combat de mousqueterie qui va se prolonger jusque vers 9 heures ; les deux compagnies de réserve s'établissent à l'est du chemin.

Les tirailleurs de la 28e brigade, von Woyna, s'engageaient sur ces entrefaites contre les faces sud et sud-est du village ; les deux batteries de la brigade venaient s'établir sur le plateau, à 1200 mètres à l'est, et enfin les fractions égarées de la 3e brigade qui avaient accompagné la 28e, prenaient place aux côtés du $\frac{II}{44}$; la ligne ainsi renforcée se composait alors des $\frac{6^e, 7^e}{44}$, $\frac{2^e}{4}$, $\frac{4^e, 10^e}{44}$ avec en réserve $\frac{5^e, 8^e \text{ et } (9^e, 11^e, 12^e)}{44}$.

Mais la 28e brigade se heurtait à une telle résistance (66e et 67e de ligne) que le général von Woyna se décidait à laisser agir l'artillerie.

Canonnée depuis 6 heures du matin, successivement par deux, puis par quatre, enfin par sept batteries, de front et de flanc, la division Bastoul se trouvait dans l'impossibilité absolue de répondre ; ses trois batteries avaient été, dès le début, réduites au silence et l'artillerie de réserve, qui seule aurait pu figurer avec avantage dans ce duel, était tenue immobile vers Belle-croix.

Ce ne fut, cependant, que vers 9 heures, que des fractions du 51e commencèrent à évacuer Flanville ; peu après la division Bastoul, couverte par le 8e de ligne, battait en retraite.

Les compagnies de la 3e et de la 28e brigade occupaient aussitôt le village.

Vers 10 heures, le général Woyna, qui était arrivé à hauteur de Coincy, se préparait à marcher sur la Brasserie pour participer à la dernière attaque prussienne de la route de Sarrelouis, lorsque de fortes colonnes ennemies reparurent sur le plateau, marchant sur Montoy ; c'était la division Bastoul qui se reportait en avant. Écrasé par le feu convergent des batteries allemandes, le 8e de ligne, qui avait déjà pénétré dans Montoy, dut se replier et avec lui la division tout entière ; cette dernière battait définitivement en retraite sur Bellecroix.

Le feu cessait sur cette partie du champ de bataille.

4e attaque de Noisseville. — Sur la route de Sarrelouis, le général Manteuffel prenait ses dispositions pour nous enlever nos dernières conquêtes de la veille. Afin d'assurer l'unité de direction qui avait fait défaut à l'attaque du matin, la 3e brigade passait sous les ordres du général commandant la 1re division.

Le général de Bentheim faisait réunir toutes les troupes disponibles dans le ravin de Sainte-Barbe, à hauteur de Servigny (9 bataillons) ; la 3e brigade était laissée à son emplacement de Retonfey et devait marcher par la route de Sarrelouis sur la face est de Noisseville et sur la Brasserie ; la colonne massée dans le ravin devait aborder Noisseville par le nord.

A 10 h. 1/2, le général de Bentheim donnait l'ordre de se porter en avant.

La 3e brigade, dans la même formation que pour l'attaque du matin et d'abord à cheval sur la route de Sarrelouis, dut bientôt passer presque tout entière au sud, par suite du développement que prenait l'attaque sortant du ravin ; pour la même raison, le $\frac{II}{4}$ était contraint de passer en seconde ligne, et la direction sur Noisseville était abandonnée.

La 3ᵉ brigade se dirigea alors sur la Brasserie, les trois compagnies du 44ᵉ sur le chemin Brasserie—Montoy.

Il devint bientôt visible que la position ennemie était ou allait être abandonnée ; des groupes nombreux se repliaient de Noisseville vers le Goupillon ; à la Brasserie, le feu était moins vif et ne tardait pas à s'éteindre ; ces deux localités d'ailleurs n'offraient plus qu'un monceau de ruines.

A 11 heures, la 3ᵉ brigade prenait possession de la Brasserie, rejointe presque aussitôt par ses deux batteries qui se mirent en devoir de canonner les troupes françaises remontant les pentes de Bellecroix.

Dans le courant de la soirée, le général Memerty, ralliant les fractions de sa brigade restées vers Flanville, rentrait à Courcelles.

Dans ces deux journées, le 4ᵉ régiment (deux bataillons) avait perdu 12 officiers, 254 hommes, dont 55 prisonniers ; le 44ᵉ, 7 officiers, 540 hommes, dont 90 prisonniers.

Le 1ᵉʳ dragons comptait 30 hommes hors de combat ; les deux batteries. 3 officiers. 23 hommes, 28 chevaux.

OBSERVATIONS.

Combat de la brigade.

I. *Commandement.* — Placée comme elle l'était, dans son vallon de Retonfey, la 3ᵉ brigade, de midi à 5 heures du soir, était en échelon en arrière de la gauche de la 1ʳᵉ division. Elle était vraisemblablement formée en colonnes de colonnes doubles, par régiments accolés, l'artillerie à proximité de la route.

Tout d'abord, on avait décidé au quartier général du Iᵉʳ corps de placer la ligne principale de défense aux abords immédiats de Sainte-Barbe ; les avant-postes seuls devant offrir une première résistance dans les tranchées et les villages de Noisseville, Servigny, etc. Le rôle de la 3ᵉ brigade eût été alors, sans doute, de défendre les abords de la cote 282, Retonfey, Gras.

Mais dans le courant de l'après-midi, et sur les instances du chef d'état-major du Ier corps, il fut convenu que la ligne de résistance serait reportée en avant, dans les villages fortifiés.

Le général Memerty fut-il avisé de cette modification ? Nous ne pouvons l'affirmer ; le fait de l'envoi d'une seule compagnie pour renforcer la défense de la Brasserie, point faible par excellence de la ligne de la 1re division, semblerait prouver, au contraire, que le général ne fut pas prévenu des nouvelles dispositions adoptées. Une compagnie réunie aux deux pelotons qui s'y trouvaient déjà, cela suffisait pour donner aux troupes en arrière le temps de prendre leurs dispositions ; mais du moment que la Brasserie était comprise dans la ligne de résistance principale et en occupait l'extrême gauche, c'était un bataillon que la 3e brigade aurait dû y envoyer.

Nous admettrons donc que le général Memerty, jusqu'à 5 heures, se crut appelé à défendre les abords de la cote 282 ; aussi, lorsque après les premiers coups de canon, les corps français de Bellecroix se mirent en mouvement, la 3e brigade conserva-t elle sa position d'attente à Retonfey, se couvrant par une compagnie à Flanville.

A 5 heures, l'observation attentive de ce qui se passait sur le plateau de Servigny, où le général avait pu voir les bataillons de la 1re division rompre de Sainte-Barbe et se porter sur la ligne même des villages, et peut-être aussi la réception de nouveaux ordres durent éclairer le général Memerty sur la nouvelle situation qui lui était faite ; au même moment, la Brasserie et Noisseville étaient menacés, la 3e brigade s'ébranlait en toute hâte, mais il était trop tard.

On avait près de 3,000 mètres à parcourir pour arriver à la Brasserie, et il était évident que dans la demi-heure nécessaire pour les franchir, le sort de cette position, eu égard à sa faible garnison, serait décidé et décidé aussi celui de Noisseville qui en dépendait.

Il fallait alors ou marcher franchement pour aborder le vainqueur encore dans le désordre de l'assaut, ou prendre position pour l'empêcher de profiter de ses avantages et de pousser plus loin.

Le général Memerty paraît avoir adopté, tout d'abord, le premier procédé ; mais par suite du manque de précautions indispensables en pareil cas, il se laissa surprendre par les événements, voulut reprendre la Brasserie perdue, secourir Noisseville en danger et repousser à Montoy la brigade française qui allait y arriver. Il disloqua sa belle formation au moment où il aurait fallu la lancer comme un boulet sur la Brasserie ; le mouvement terminé, le général comptait donc occuper un front de 1800 mètres avec trois bataillons à l'aile gauche, son artillerie au centre. Le résultat, nous le connaissons : peu après 6 heures, la brigade, coupée en deux, était en pleine retraite sur sa position de l'après-midi et sur Flanville.

Selon nous, le général aurait dû poursuivre sa marche jusqu'au bout et aborder la Brasserie avec ses cinq bataillons.

Pour exécuter cette sorte de contre-attaque avec toutes les chances de succès, il eût été bon de se tenir en relation avec les troupes que l'on allait secourir :

1º Pour relever leur moral : Noisseville fut évacué parce que les secours attendus n'apparaissaient pas ;

2º Pour éviter les surprises : l'artillerie dut se mettre en batterie sous le feu de l'infanterie ennemie, 1000 mètres.

La formation adoptée ne se prêtait pas, en raison du terrain, à l'emploi combiné des trois armes ; la faible inclinaison du sol ne permettait pas à l'artillerie de tirer par-dessus son infanterie ;

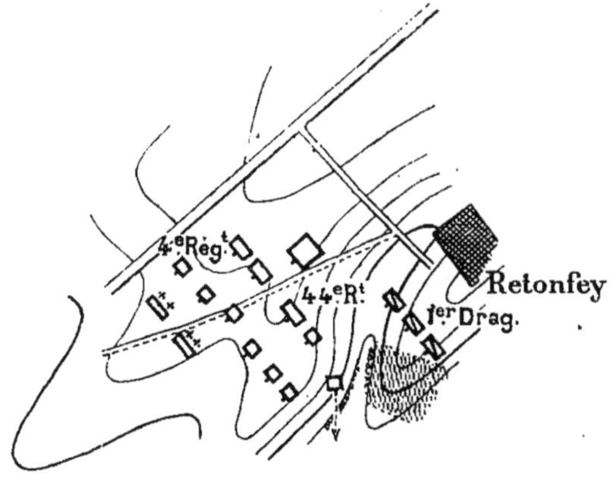

en laissant le 4e régiment en arrière des batteries, on risquait de le voir exposé à la fusillade dirigée sur l'artillerie, ce qui arriva ; en outre, le tir de cette dernière devait être masqué au moindre mouvement en avant de l'infanterie, ce qui arriva encore.

4

En plaçant la cavalerie à gauche, on mettait cette dernière dans l'obligation de manœuvrer sur un terrain accidenté, peu propice aux évolutions rapides.

Il aurait fallu, croyons-nous, rendre à chaque arme — infanterie et artillerie — son indépendance; envoyer, au galop, l'artillerie avec le 1er dragons comme soutien, se mettre en batterie au nord de la route de Sarrelouis. prête à tirer à bonne portée, mettons à 1500 mètres, sur la Brasserie et les abords de Noisseville : marcher, au sud de la route. avec l'infanterie dans sa formation sur trois lignes, résolument sur la Brasserie ; il fallait enfin réveiller un peu l'audace des trois régiments de cavalerie qui se tenaient près de Flanville et qui, toute la journée, se contentèrent de juger les coups.

On pourrait objecter que la 3e brigade, en somme, a bien opéré, puisque son action malheureuse sur Montoy a eu du moins pour effet d'engager les réserves de la division Montaudon dans une direction excentrique, laissant, de cette façon, la brigade Clinchant dans l'impossibilité de continuer son offensive.

A cela on peut répondre : la division Bastoul, du 2e corps, a ignoré jusqu'au lendemain qu'elle formait la réserve de la division Montaudon ; par conséquent, rien ne prouve qu'elle ne se serait pas portée d'elle-même sur la route de Sarrebrück, au sud de laquelle opéraient des fractions du 2e corps — et d'ailleurs, la brigade Memerty qui avait pour mission de protéger le flanc gauche de la 1re division, devait bien se garder d'exécuter tout mouvement qui aurait eu pour effet d'amener l'ennemi sur la route de Sarrebrück aussi bien que sur la route de Sarrelouis.

A 7 heures, la brigade, ou du moins la majeure partie, était rassemblée près de Retonfey.

Ici, la critique peut-être devrait perdre ses droits ; jusqu'à présent, en effet, nos observations ont porté sur des faits, des actes qui ont précédé immédiatement le combat, alors que chacun en pleine possession de son sang-froid, n'a pas encore été soumis aux émotions de la lutte ; jusque-là, les décisions du chef qui a dû tout voir et tout prévoir, peuvent être étudiées, critiquées ; elles peuvent l'être encore, tant que le combat suit son développement normal ; mais lorsque la situation devient celle de la 3e brigade après son échec de Montoy, ce serait, à notre avis, s'engager sur un terrain trop brûlant que de vouloir redresser les fautes commises ; on ne peut que les constater. En pareil cas, ne peut critiquer que celui-là seul qui a passé par de telles émotions.

Nous nous bornerons donc, pour cette fin de journée du 31 août, à signaler les fautes suivantes :

Perte du contact avec les troupes françaises de Noisseville et de la Brasserie, dès 7 heures du soir ;

Attaque de nuit exécutée sur un trop grand front (8 heures) ;

Grande dispersion de la brigade.

On ne peut, par contre, passer sous silence. l'à-propos avec lequel le général Memerty, entendant la lutte reprendre à Servigny, lança (8 heures) ses troupes décimées, sur la Brasserie et Noisseville.

Le 1er septembre, vers 5 heures du matin, le général reçut l'ordre de coopérer à la reprise immédiate de Noisseville par la 1re division. Il devait donc, avons-nous dit, concourir à une action dirigée vers l'ouest, alors qu'au sud, des forces ennemies nombreuses étaient à moins de 3 kilomètres ; mais l'action principale était à l'ouest, à Noisseville, le général Manteuffel l'avait laissé entendre.

Deux moyens s'offraient :

1° Laisser une partie des troupes en observation devant la division Bastoul et s'engager avec le reste, de concert avec la 1re division, sur Noisseville ; c'était, sans doute, au bout, la reprise du village, mais c'était aussi la liberté de manœuvre laissée à la division ennemie avec faculté de venir prendre à revers les troupes assaillantes ;

2° Attendre que les intentions de cette division se fussent manifestées et, pour ne pas attendre trop longtemps, la provoquer ; agir ensuite soit sur Noisseville, soit sur Retonfey.

Le général ayant adopté ce dernier moyen, nous en avons vu le résultat.

A 6 heures, ses deux batteries canonnaient Flanville : c'était la provocation. A 7 heures, ces deux batteries, renforcées de deux autres, n'ayant déterminé chez l'ennemi aucun mouvement offensif, le général Memerty se mettait en marche sur Noisseville, un bataillon et l'artillerie restant à Retonfey. Mais alors il n'y avait plus concordance avec l'attaque de la 1ʳᵉ division, et Noisseville restait aux mains des Français.

La faute, à notre avis, doit être imputée au général Bentheim, qui aurait pu retarder de 15 à 20 minutes, l'attaque de sa division.

Résumons : le 31 août, à 5 heures du soir, le général Memerty, chargé de renforcer et de couvrir la gauche d'une position défensive, exécute une marche sur trois lignes, l'artillerie en avant, la cavalerie en arrière et sur le flanc. Il eut le tort de ne pas tenir compte de la situation particulière de la ligne qu'il allait secourir, de subordonner son artillerie et sa cavalerie aux mouvements de son infanterie et surtout, de ne pas persévérer dans son mouvement.

La situation s'étant modifiée brusquement sur son front, il abandonne sa formation, rompt ses colonnes et se porte à l'attaque dans trois directions à la fois.

A 6 heures, trois bataillons sont engagés sur un front de 1600 mètres.

Dans la soirée et le 1ᵉʳ septembre au matin, ce n'est plus une brigade qu'il a sous la main, mais dix ou quatorze compagnies qui, avec une remarquable ténacité, essayent de reconquérir le terrain qu'elles ont laissé perdre.

Il n'y a plus là de formation régulière ; les compagnies sont enchevêtrées, tantôt sur une seule ligne, tantôt sur deux ; l'artillerie tire dans l'obscurité, on marche aux sons de la charge ; bref, on fait tout ce que peuvent faire des troupes solides désireuses de venger un échec.

II. *Artillerie.* — L'artillerie accompagne l'infanterie dans la première attaque du 31 août ; mais, faute de précautions, elle ne fut pas prévenue de la chute prochaine de la Brasserie et dut se mettre en batterie, à moins de 1000 mètres de l'ennemi couronnant la crête.

Les deux batteries perdaient là une trentaine d'hommes et autant de chevaux, en une demi-heure.

Le 1ᵉʳ septembre, le général utilisait son artillerie pour forcer l'ennemi à dévoiler ses intentions.

III. *Cavalerie.* — Le 1ᵉʳ dragons semble avoir pris une part assez active au combat du 31 août, en manœuvrant sur les flancs du 44e repoussé de Montoy ; le lendemain, il était en soutien d'artillerie.

Les Allemands ont avoué que dans cette campagne, leurs troupes n'avaient jamais été bien enthousiastes pour l'exécution des ouvrages de fortification du champ de bataille.

La brigade Memerty n'échappait pas à la règle : de midi à 5 heures du soir, pas un seul coup de pioche ne fut donné pour renforcer la valeur de la position du Petit-Marais et de la cote 282.

Quelques travaux de défense extérieure furent bien entrepris à Retonfey, mais ce ne fut qu'après l'échec, vers 6 h. 1/2 du soir, lorsque le $\frac{\text{II}}{44}$ vint occcuper sa position de repli.

Puisque nous en sommes sur la question « commandement », qu'on nous permette l'observation suivante :

Le bouillant général Steinmetz, pendant toute la bataille, se tint à Courcelles-sur-Nied, à plus de 10 kilomètres de Sainte-Barbe, alors que l'arrivée sur ce dernier point de corps entiers de secours (IXe, Xe, partie des VIIe et XIIIe) nécessitait, il semble, la présence d'une autorité supérieure à celle du général Manteuffel, simple commandant de corps.

Faut-il attribuer cette réserve aux événements fâcheux du 18 août, où le général Steinmetz, conviant pour ainsi dire tout le grand état-major avec le roi Guillaume, au spectacle de l'enlèvement du Point-du-Jour, échoua piteusement et faillit causer un désastre ? On ne lui pardonna jamais en haut lieu, paraît-il, les moments d'angoisse par lesquels on était passé. A Noisseville, le général, plus prudent, laissa son subordonné se débrouiller. Quinze jours après, il était relevé de ses fonctions et nommé gouverneur de Posen. Son chef d'état-major, général de Sperling, partagea un instant sa disgrâce.

Combat des petites unités.

Nous allons étudier spécialement le combat du 44e à Montoy.

Attaque de Montoy, 44e regiment. — Le 44e régiment, dans la formation prise par la 3ᵉ brigade, à son départ de Retonfey, constituait la colonne de gauche.

Il était sur trois lignes :

1ʳᵉ ligne : IIIᵉ bataillon en ligne de colonnes de compagnie (moins la 10ᵉ à Flanville) ;

2ᵉ ligne : Iᵉʳ bataillon par demi-bataillons ;

3ᵉ ligne : IIᵉ bataillon en colonne double.

Vers 5 h. 15, sur l'invitation du général de brigade, le colonel de Bœcking envoyait une seconde compagnie à Flanville (4ᵉ,

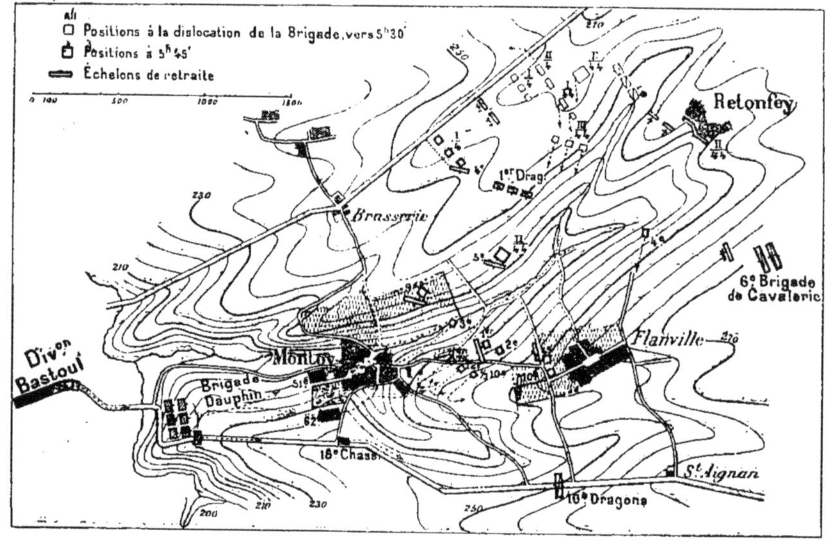

prise dans le bataillon de 2ᵉ ligne) et donnait comme point de direction à son bataillon de tête le village de Montoy, les deux autres bataillons conservant leur direction primitive. Ce mouvement était nécessité par l'apparition de troupes ennemies sur le chemin de la Planchette—Montoy.

Un peu avant 5 h. 1/2, le colonel recevait l'ordre de marcher sur Montoy avec ses trois bataillons. On en était à 1200 ou 1300 mètres.

Les trois compagnies de tête (9ᵉ, 11ᵉ, 12ᵉ) étaient déjà dans la nouvelle direction depuis quelque temps, la compagnie de gauche (12ᵉ) au fond du ravin ; les deux autres bataillons, plus au nord, obliquaient de suite à gauche, pour se conformer au mouvement. Les trois escadrons restaient sur le plateau.

De la position dominante qu'occupait encore le colonel, on pouvait voir le village de Montoy, bâti sur l'autre rive du ruisseau, étager ses maisons sur les pentes du plateau de la route de Sarrebrück ; quelques constructions perchées sur un mamelon venant de Flanville, dominaient le village à l'est ; de ce côté, pas de clôtures, pas de jardins pouvant abriter le défenseur.

Le ruisseau, presque à sec, n'offrait aucun obstacle à la marche.

Au nord, au contraire, les pentes couvertes de vignes, abondamment fournies à cette époque, formaient une excellente défense accessoire.

Quelques groupes ennemis seuls paraissaient disposés à entrer dans le village ; le gros des forces devait encore être caché par l'éperon de la Planchette.

Tel dut être le résultat de la reconnaissance rapide faite par le colonel de Bœcking, avant de suivre ses bataillons dans le fond de la vallée. Là, en effet, l'horizon devenait excessivement limité et, du village de Montoy, on n'apercevait plus que les maisons les plus basses, la croupe venant de Flanville cachait tout le reste.

Si l'on avait pu se mettre en relation avec les régiments de cavalerie de la route de Sarrebrück, dont l'artillerie commençait à tirer par-dessus Montoy, on aurait pu remédier à cet inconvénient et être tenu au courant de ce qui se passait aux abords ouest du village ; on ne le fit pas et, de son côté, la cavalerie garda pour elle les renseignements qu'elle pouvait facilement se procurer sur les progrès de la brigade Dauphin.

La marche, cependant, continuait au 44e.

Le chef du bataillon de tête maintenait sa compagnie de droite (9e) à mi-côte, au nord du ruisseau, et laissait ses deux autres compagnies (11e, 12e) descendre complètement dans le fond de la vallée.

Vers 800 mètres, quelques coups de feu partirent des maisons basses du village, suivis bientôt d'une fusillade assez nourrie.

Le chef de bataillon prend aussitôt ses dispositions : la 9e compagnie continuera à marcher droit devant elle, les 11e et 12e franchiront le ruisseau et s'efforceront d'atteindre la croupe qui domine et cache le village à l'est ; on ouvrira le feu lorsqu'il ne sera plus possible d'avancer.

Le commandant du bataillon destinait donc une compagnie à l'attaque de front, deux à l'attaque de flanc.

Le colonel envoyait en même temps, de la deuxième ligne, une compagnie (3e) pour remplir l'intervalle entre les deux attaques, intervalle qui ne faisait que s'accroître. Cette 3e compagnie suivait à peu près le lit du ruisseau.

Malgré l'approche des compagnies prussiennes, la fusillade ennemie ne se faisait pas plus violente, et personne ne disputait le terrain aux 11e et 12e, sur le point d'arriver au sommet de la croupe. Le colonel en concluait que le village n'était que faiblement défendu et que l'on pourrait s'en emparer par une attaque brusquée ; il envoyait, vers 5 h. 45, aux quatre compagnies de première ligne, l'ordre de marcher résolument sur le village sans tirer un coup de fusil : on était à 400 mètres environ de Montoy. Les deux compagnies restantes du Ier bataillon (1re, 2e) franchissaient le ruisseau et, s'élevant sur les pentes, suivaient les compagnies chargées de l'attaque de flanc.

Le dernier bataillon, à 800 mètres du village, marchait derrière le centre du dispositif (IIe bataillon).

Au signal donné, les quatre compagnies de première ligne s'élancent au pas gymnastique : la 3e sur l'issue est, les 11e et 12e vers la sortie sud ; la 9e, déjà retardée par le franchissement d'un mur élevé, s'engage dans des vignes qui finissent presque par l'immobiliser ; elle prenait alors position et ouvrait le feu contre la lisière nord du village.

La 3e compagnie, engagée dans la Grande-Rue, parvient en combattant jusqu'à la place, où la résistance devient plus sérieuse.

Les 11e et 12e, rejointes par un peloton de la 10e, venu de Flanville, vont atteindre le chemin Montoy—Saint-Aignan lorsque, des dernières constructions bordant ce chemin, part une violente fusillade, puis, avant que les compagnies prussiennes soient revenues de leur surprise, des forces nombreuses, sortant de la lisière sud du village, se lancent en avant.

Après une courte mais sanglante résistance, les débris des 11e et 12e fuyaient en désordre, partie dans le ravin, partie vers Flanville.

Au même moment, la 3e subissait, sur la place, le désastre que l'on sait.

Le IIe bataillon faisait demi-tour et se rendait au plus vite à Retonfey.

L'insuccès était complet ; le feu des 9e, 1re et 2e, auquel venait bientôt se joindre celui de la 5e, laissée par le IIe bataillon, donnait un instant de répit aux fuyards ; mais les Français, se renforçant sans cesse et paraissant pousser vers Flanville, la retraite générale était ordonnée et s'exécutait le long du ravin, sous la protection des 5e, 10e et 4e compagnies et des deux batteries revenues près de Retonfey.

Le régiment désorganisé ne comptait plus que huit compagnies en état de combattre, la 3e n'existait plus et, avec les 9e, 11e, 12e, on avait formé deux groupes dont la solidité ne devait être que très relative.

D'après ce que nous avons pu lire sur cette attaque de Montoy, dans les récits assez peu concordants de différents écrivains militaires, il paraît ressortir ceci : le 51e, tête de la brigade Dauphin, avait engagé son avant-garde, selon les uns, ses tirailleurs, selon les autres, dans Montoy ; le reste du régiment et le 62e venaient, peu après, faire une sorte de rassemblement à l'ouest du village ; vers 6 heures, l'avant-garde ou les tirailleurs furent attaqués et refoulés dans l'intérieur de Montoy ; la brigade se portait aussitôt en avant par le village même et la lisière sud. Le colonel de Bœcking, en essayant une attaque brusquée, ignorait évidemment la présence de cette brigade dans les jardins ouest de la localité.

Quelqu'un pouvait-il le renseigner ?

La cavalerie d'abord, nous l'avons vu tout à l'heure ;

Les compagnies de Flanville ensuite.

La 10e compagnie, en position de flanc-garde depuis 4 heures, aurait pu, dès que le 44e obliqua vers Montoy à 5 h. 1/2, faciliter la besogne de son régiment en envoyant reconnaître le village par des patrouilles ; l'approche de la 4e compagnie qui venait la renforcer, permettrait même à la 10e tout entière de se porter sur Montoy ; quelques hommes tournant la lisière sud, alors inoccupée, suffisaient pour signaler le danger. — La 10e n'engagea qu'un peloton, mais trop tard ; en outre, ce peloton marcha d'abord sur la sortie est du village, croisa sur son passage les 11e et 12e et les suivit.

Telles furent, selon nous, les unités qui, jusqu'à 5 h. 45, pouvaient renseigner le colonel sur la vraie situation de l'ennemi.

Il est enfin des compagnies qui, dans l'acte sanglant qui suivit, auraient pu s'en tirer à meilleur compte. Nous voulons parler des 11e et 12e compagnies ; précédées de quelques éclaireurs, ces compagnies marchant à une aile, n'eussent pas été surprises comme elles le furent quelques instants plus tard.

Les dispositions prises pour la retraite ne laissèrent rien à désirer. A la première nouvelle de l'échec des 11e et 12e compagnies, le IIe bataillon, bataillon de 3e ligne, était aussitôt envoyé à Retonfey, lieu de ralliement du régiment — il laissait une compagnie (5e) en position sur son ancien emplacement.

L'ennemi continuant son offensive, sortit de Montoy et se heurta, tout d'abord, à trois compagnies toutes déployées, tenant sous leur feu concentrique les issues est du village (9e, 1re, 2e) ; lorsque les Français étendirent leur droite sur le chemin Montoy—Flanville, ces trois compagnies se repliant par le fond du ravin, démasquèrent à 600 et 800 mètres, trois nouvelles compagnies établies : deux dans Flanville et une au delà du ruisseau (10e, 4e, 5e). Leur feu renforcé par celui de trois batteries (dont une à cheval) parvenait à arrêter définitivement l'adversaire.

Résumons : le régiment, pour se porter à l'attaque d'un village, conserve sa formation sur trois lignes, couvert sur sa gauche par deux compagnies.

Des quatre compagnies de la première ligne, deux sont destinées à l'attaque de flanc et sont suivies par les compagnies de seconde ligne, le dernier bataillon suit derrière l'attaque de front.

A 400 mètres, le colonel voulant tenter une attaque brusquée, lance sa première ligne en avant ; l'attaque échoue par suite du manque de renseignements qu'aurait pu fournir la cavalerie et du peu d'activité des compagnies détachées (Flanville).

La retraite s'exécute sous la protection d'échelons placés à l'avance et qui, par une heureuse disposition, laissent entre leurs divers éléments un couloir naturel (ravin) par où va se replier la plus grande partie des fractions repoussées. Le tout est en mesure d'être recueilli par le bataillon de troisième ligne et par l'artillerie qui sont allés s'établir sur une bonne position dominante, à 2,000 mètres environ du premier échelon.

Parmi les autres incidents de ces deux journées, nous ne signalerons que les deux suivants :

a) A 5 h. 1/2, le 31 août, les deux batteries obligées, nous avons vu pourquoi, de se mettre en batterie à 1000 mètres de l'infanterie ennemie, subissent bientôt des pertes telles que les trois compagnies de soutien, jusqu'alors en arrière, se voient dans la nécessité de se porter en avant ; mal préparées en vue du tir aux grandes distances et leur armement ne s'y prêtant guère d'ailleurs, ces compagnies, pour contrebattre le feu de l'infanterie ennemie, sont obligées de venir jusqu'à près de 500 ou 600 mètres de la ligne française, masquant en partie le feu de leur propre artillerie.

Le mouvement était des plus imprudents : il s'exécutait en face de quatre bataillons établis à la Brasserie et aux abords (deux du 95e, deux du 81e) ; il pouvait amener ces derniers à prendre l'offensive, et une offensive française entre 5 h. 1/2 et 6 heures sur la route de Sarrelouis décidait à elle seule du sort de la journée.

b) Les attaques contre les lieux habités, non préparées par l'artillerie, échouent toujours ; au contraire, Flanville, canonné pendant trois heures consécutives, est évacué par sa garnison avant l'assaut de l'infanterie adverse, et comme à côté de chaque règle, il y a l'exception, Noisseville est enlevé par le 95e français sans que l'artillerie ait une part sensible à réclamer dans cette conquête.

A ce propos, nous avons donné avec quelques détails la formation prise par ce régiment pour l'attaque du front Noisseville—Brasserie ; notre but était de démontrer, en passant, que la formation linéaire n'était pas, à l'exclusion de toute autre, en usage dans l'armée française. Cette ligne de colonnes de division, sur front de section, aurait pu, avec des distances et des intervalles moins rigides, rivaliser avantageusement avec la ligne de colonnes de compagnie. Elle ne nous était guère familière, paraît-il, et cependant, si nous ne nous trompons, le maréchal Bugeaud l'avait depuis longtemps indiquée comme constituant une excellente formation pour l'attaque.

Pertes. — Les deux bataillons du 4e régiment perdaient : 12 officiers, 254 hommes appartenant surtout au 1er bataillon.

Le 44ᵉ avait 7 officiers et 540 hommes hors de combat ; les 3ᵉ, 9ᵉ, 11ᵉ, 12ᵉ compagnies avaient, de beaucoup, le plus souffert. Ces pertes, comparées à celles du 14 août, permettent de voir qu'au 4ᵉ régiment, les bataillons, déjà fort éprouvés devant Bellecroix furent encore en première ligne à Noisseville ; le 3ᵉ bataillon, moins maltraité le 14, avait été, le 31, laissé aux avant-postes.

Au 44ᵉ, le 3ᵉ bataillon à peine engagé le 14, va être en première ligne et subira les plus grandes pertes.

Le nombre des officiers hors de combat est relativement restreint, surtout au 44ᵉ. Cela tient à la grande consommation qui en avait été faite quinze jours auparavant, et confirme ce que nous avons dit au sujet de la valeur des troupes de la 3ᵉ brigade.

En résumé, après deux batailles livrées à quinze jours d'intervalle, les deux régiments ont leurs effectifs en officiers réduits de moitié (31 au 4ᵉ, 30 au 44ᵉ) ; le 4ᵉ régiment ne compte plus que 2,260 hommes, et son 1ᵉʳ bataillon des compagnies de 150 hommes ; le 44ᵉ est réduit à 2,000 combattants.

VILLERS-BRETONNEUX

(27 NOVEMBRE)

La 3ᵉ brigade n'eut plus à combattre jusqu'à la fin du siège de Metz ; mais la dysenterie s'étant déclarée dans les campements prussiens, la brigade y payait sa large part et, malgré les 400 ou 500 hommes de complément qu'ils reçurent chacun, malgré la rentrée des petits blessés et des prisonniers, les deux régiments n'entamèrent la campagne du Nord qu'avec 800 hommes environ par bataillon.

Le 25 novembre, la Iʳᵉ armée (général Manteuffel), en marche sur Amiens, était à Roye (Iᵉʳ corps) et Moreuil (VIIIᵉ corps). Du Iᵉʳ corps, il n'y avait de disponibles que la 3ᵉ brigade et l'artillerie de corps : la 1ʳᵉ division d'infanterie, venant de Mézières par voie ferrée, arrivait par échelons se suivant à un jour d'intervalle ; la 4ᵉ brigade était devant La Fère.

Le même jour, on apprenait au quartier général que, la veille, la 3ᵉ division de cavalerie, dont la tête était arrivée sur la Luce, avait été refoulée par des troupes françaises de toutes armes jusqu'au Quesnel ; la 3ᵉ brigade était aussitôt envoyée rejoindre la 3ᵉ division de cavalerie.

Le 26 novembre, la 3ᵉ brigade arrivait au Quesnel dans la matinée et, sur l'ordre du général en chef, son avant-garde (2 bataillons, 2 escadrons, 1 batterie) remontait au nord, jusque vers Cayeux, à la suite de la 3ᵉ division de cavalerie. Cette dernière, démasquant le front, s'élevait vers la Somme à la recherche des forces ennemies signalées à Braye et Corbie, et établissait son gros à Rozières.

Le premier échelon du Iᵉʳ corps arrivait à Bouchoir (1ᵉʳ régiment d'infanterie, artillerie de corps, 2 batteries divisionnaires).

D'autre part, une fraction de l'avant-garde du VIIIᵉ corps ayant franchi la Luce au pont de Thennes, se heurtait à des troupes françaises vers Saint-Nicolas ; elle se repliait sur Thennes et faisait garder le pont de Domart (sur la route du Ier corps) par deux compagnies.

Nous ne nous attarderons pas davantage sur les préliminaires de la journée du 27. Nous avons amené, le 26 avant midi, notre 3e brigade vers Cayeux et Le Quesnel ; nous allons suivre exclusivement cette dernière.

Dans l'après-midi du 26, le commandant de la brigade recevait du général commandant le Ier corps (général de Bentheim), l'ordre de « prendre position, le lendemain 27 entre Marcelcave et Gentelles, pour couvrir le gros du corps d'armée, dont le premier échelon devait venir jusque sur la Luce ».

La 3e brigade, devenue ainsi avant-garde du corps d'armée, était renforcée de 3 escadrons du 10e dragons, 3 batteries, 1 compagnie de pionniers.

Le VIIIe corps, quittant la route de Montdidier, devait appuyer à gauche et passer à l'ouest de la Noye.

Le général Memerty étant malade, le général de Pritzelwitz, commandant la 2e division, prenait le commandement de l'avant-garde et envoyait aux fractions de Cayeux l'ordre de se porter de suite à Demuin et à Hourges, afin d'assurer pour le lendemain le passage de la brigade sur la rive droite de la Luce.

Les troupes de Cayeux se composaient des $\dfrac{2^e, 3^e}{10^e \text{ D.}}$, $\dfrac{\text{II. III}}{4}$, 5e batterie légère, sous le commandement du colonel du 4°, colonel de Tietzen.

Ce dernier rompait aussitôt et arrivait à la nuit dans les localités désignées.

Le IIe bataillon s'établissait à Demuin avec le $\dfrac{3^e}{10^e \text{ D.}}$ et faisait garder le pont par les 7e et 8e compagnies ; le IIIe bataillon venait à Hourges avec la batterie et le 2e escadron ; il trouvait le pont de Domart gardé par deux compagnies du VIIIe corps.

Le 26, dans la soirée, la 3e brigade était ainsi répartie :

Tête d'avant-garde : 2 bataillons, 2 escadrons, 1 batterie à Demuin et Hourges, gardant les ponts, mais n'ayant pas poussé au delà de la rivière ;

Gros de l'avant-garde : à 10 kilomètres en arrière, au Quesnel, 4 bataillons, 1 escadron, 2 batteries, 1 compagnie de pionniers.

Le premier échelon du gros du corps d'armée (3 bataillons, 8 batteries), était à Bouchoir, à 4 kilomètres du Quesnel.

La conduite des Français avait fait supposer qu'ils se borneraient à la défense directe d'Amiens et que la 3e brigade aurait tout au plus, le lendemain, à escarmoucher avec les postes avancés pour prendre position sur le plateau de Cachy,

La nuit se passa sans incidents et le 27, dès 6 heures du matin, pendant que les escadrons patrouillaient sur le plateau, le colonel de Tietzen rassemblait la tête d'avant-garde auprès de Hangard, sur le chemin Hangard—Cachy. Au même moment, les troupes du VIIIe corps s'éloignaient vers Hailles et Dommartin, le $\frac{\text{III}^e}{4}$ laisssait alors au pont de Domart les 9e et 11e compagnies ; les 7e et 8e restaient également au pont de Demuin.

Un brouillard fort épais couvrait toute la contrée et l'on ne pouvait qu'attendre les rapports de la cavalerie. Ils ne tardèrent pas : des postes d'infanterie française occupaient les bois de Domart et de Hangard ; les patrouilles avaient été accueillies à coups de fusil à Gentelles et à Cachy.

Le colonel ne voulut pas s'engager plus avant et résolut d'attendre l'arrivée du gros de l'avant-garde. Ce dernier, parti vers 8 heures du Quesnel, n'arriva pas avant 10 heures. Nous avons donc le temps de jeter un coup d'œil sur la valeur des adversaires en présence.

La Relation officielle allemande donne pour excuse des victoires si péniblement acquises de la Ire armée, dans la deuxième partie de la campagne, les forces supérieures auxquelles se seraient toujours heurtées les troupes prussiennes ; on ne saurait trop s'élever contre de telles assertions.

A Villers-Bretonneux, la petite armée française comptait trois brigades formées de bataillons de marche et de régiments de mobiles ; ces derniers, au début, furent d'une solidité douteuse ; par contre, les bataillons de marche, dont les hommes les plus anciens avaient deux mois de services, étaient encadrés en grande partie par des officiers évadés de Metz et de Sedan ; très solides et animés d'un moral excellent, ces bataillons vont tenir tête, à forces égales, à des troupes aguerries par quatre mois de succès non interrompus, et non seulement ils leur tiendront tête, mais, par des retours offensifs énergiquement conduits, ils les feront plier sous le choc et tiendront la victoire en suspens. Mais là, comme partout ailleurs, la formidable artillerie dont disposeront leurs adversaires aura vite fait de régler la question.

Des trois brigades de l'armée du général Farre, deux (Lecointe et du Bessol) luttèrent, le 27, contre les troupes du Ier corps (3e brigade et 1er régiment). Chaque brigade comptait 5,000 hommes environ et avait deux batteries.

A ces 10,000 hommes de jeunes troupes, soutenus seulement par quatre batteries et par quelques cavaliers, les Allemands vont opposer 7,500 fantassins, 13 batteries et plus de 2,000 cavaliers.

S'il y avait supériorité de forces, c'était du côté prussien.

D'où vient donc alors que la victoire fut si difficilement arrachée aux troupes françaises ?

Il faut en rechercher les motifs ailleurs que dans les dispositions adoptées et défectueuses, du reste, des deux côtés.

Ces motifs, les voici :

1° Les officiers évadés de Metz et de Sedan avaient emprunté à leurs vainqueurs une partie de leurs procédés tactiques ; le bataillon, pour combattre, s'échelonnait dans la profondeur ; il y avait des soutiens, des réserves ; partant, de la solidité, de la facilité de manœuvre ; on ne se contentait plus de la défensive passive, on exécutait fréquemment de vigoureuses attaques ; on verra, de cette façon, des bataillons tels que le 43e de marche, tenir tête pendant toute la journée à des forces bien supérieures ;

2° Surtout, les sanglants combats livrés autour de Metz avaient profondément altéré la valeur des régiments prussiens ; le cadre d'officiers avait subi des pertes sensibles ; les vides produits par les batailles de Borny et de Noisseville avaient été comblés par des hommes de complément dont l'éducation militaire laissait encore à désirer.

La campagne, en s'éternisant, commençait à lasser nos ennemis, obligés de combattre en province pour protéger l'armée d'investissement de Paris ; c'est avec envie qu'ils songeaient à leurs camarades du siège, vivant, croyaient-ils, au milieu de toutes les jouissances, avec, pour finir, l'espoir d'un bon petit pillage de la capitale.

Aussi nous ne verrons plus se renouveler des attaques furieuses comme celles des coteaux de Mey et de Bellecroix ; nous ne reconnaîtrons plus, dans les compagnies prussiennes des bois Hangard et Morgemont, les vaillantes troupes de la 3ᵉ brigade qui, décimées à Montoy, eurent encore assez de ressort pour tenter trois attaques sur les lignes françaises.

C'est là, croyons-nous, le secret des victoires pénibles de la Iʳᵉ armée.

Quant à la cavalerie, plus circonspecte que jamais, et encore sous le coup de son échec du 24 (Quesnel), elle ne remplira son devoir qu'imparfaitement, et la 3ᵉ brigade va s'engager sur Cachy et Gentelles, ignorant la présence, sur sa droite, des forces rassemblées à Villers-Bretonneux.

Un peu avant 10 heures du matin, le brouillard se levait et le gros de l'avant-garde arrivait aux abords de la cote 104, au-dessus de Hourges.

Le général Pritzelwitz, déjà rendu depuis quelque temps à Hangard, prit rapidement ses dispositions pour remplir la mission dont il était chargé : prendre pied sur le plateau entre Marcelcave et Gentelles et couvrir les cantonnements du corps d'armée.

Ce dernier suivait l'avant-garde à 4 kilomètres, il n'y avait donc pas de temps à perdre et l'on devait se contenter des premiers renseignements fournis par la cavalerie ; quant à savoir ce qui se passait derrière les bois à droite, bois de Morgemont, il n'y fallait pas songer, le temps pressait et, d'ailleurs, l'ennemi ferait comme la veille devant le VIIIᵉ corps : il allait se replier sur Amiens après un semblant de résistance.

Le canon grondait déjà, mais si loin vers la gauche, que ce devait être le VIIIᵉ corps repoussant devant lui les postes français sur la ville. C'était l'extrême-gauche du VIIIᵉ corps qui combattait à Hébécourt, sur la route de Paris.

Le général adopta aussitôt les mesures suivantes :

Colonne de gauche : les $\dfrac{1^{er}}{10^e\ D.}$, $\dfrac{I}{4}$ et 5ᵉ batterie lourde déjà engagés sur la descente de Hourges, rallieront au passage les

$\dfrac{9^e,\ 11^e}{4}$ et se porteront sur Gentelles par le bois de Domart et la grande route ;

Colonne du centre : le $\dfrac{2^e}{10^e\ \text{D.}}$, les compagnies rassemblées à Hangard $\left(\dfrac{5^e,\ 6^e,\ 10^e,\ 12^e}{4}\right)$ et la 5e batterie légère attaqueront Cachy de front ;

Colonne de droite : le 44e régiment et la 6e batterie légère prendront le chemin de Demuin, rallieront au passage les $\dfrac{7^e,\ 8^e}{4}$ et le $\dfrac{3^e}{10^e\ \text{D.}}$ et, par le bois de Morgemont, marcheront sur Cachy.

La compagnie de pionniers ira rejoindre la colonne du centre.

Le mouvement commençait vers 10 heures.

Colonne de gauche. — Le 1er escadron est lancé sur la route d'Amiens, vers le bois de Gentelles, et explore le plateau.

Les deux compagnies du pont de Domart $\left(\dfrac{9^e,\ 11^e}{4}\right)$ se dirigent sur le bois de Domart ; le 1er bataillon et la batterie suivent la route.

Les 9e et 11e compagnies s'engagent sous bois, débusquent quelques postes de chasseurs à pied, et, à la lisière nord, tombent sous le feu d'une compagnie de grand'garde, établie à 500 mètres de la lisière ; les compagnies prussiennes entament la fusillade ; un peloton de la 9e, qui flanquait le mouvement à droite dans le vallon, va s'établir dans le bouquet de bois de Fleye pour observer des forces françaises que l'on voyait sortir de Cachy.

De son côté, le 1er bataillon était arrêté par le feu des troupes françaises postées à la Tuilerie. Vers 11 heures, un peu en avant du carrefour du chemin Gentelles — Glimont, il prenait sa formation de combat, dirigeait ses 1re et 2e compagnies sur la Tuilerie pendant que les 3e et 4e, longeant le bord sud de la route, essayaient de tourner la position par l'ouest.

La batterie, déboîtant de la colonne, s'était portée vers l'angle nord-ouest du bois de Domart, prenait position dans une partie défrichée et canonnait Gentelles.

La ligne française se renforçait à vue d'œil (les deux compagnies de grand'garde étaient prolongées par les trois autres compagnies du bataillon), mais n'avait pas d'artillerie.

Les Allemands laissèrent, néanmoins, leur mouvement enveloppant produire son effet.

Vers 11 h. 1/2, on vit les 3e et 4e compagnies traverser la route d'Amiens et marcher en formation de combat sur la Tuilerie et la cote 117; les Français se repliaient aussitôt et évacuaient Gentelles; ils s'arrêtaient peu après auprès d'un moulin à vent, à 1000 mètres dans le nord-est.

Les compagnies prussiennes s'étaient portées en avant; les 9e et 11e entraient dans le village et garnissaient la lisière nord-est; le Ier bataillon se rassemblait au sud.

Vers Cachy, la lutte paraissait opiniâtre, et de Gentelles on pouvait suivre parfaitement les phases de l'action.

De nombreux tirailleurs sortis de Cachy faisaient plier les troupes de la colonne du centre.

La 5e lourde prend position au sud de Gentelles et aidée par le feu des 9e et 11e compagnies qui se sont avancées quelque peu, parvient à arrêter le mouvement offensif des Français.

Pour plus de sécurité, la 2e compagnie est envoyée dans le bois de Fleye rejoindre le peloton de la 9e.

Les éléments de cette colonne de gauche vont rester dans cette position jusque vers 2 heures du soir; l'artillerie, les 9e, 11e et 2e compagnies intervenant de temps à autre dans l'action engagée devant Cachy.

Colonne du centre. — Les fractions composant la colonne du centre étaient rassemblées au nord de Hangard depuis 8 heures du matin.

Les Français ayant été signalés dans Cachy et dans le bois Hangard, le commandant de la colonne porte en première ligne les 10e et 12e compagnies — 5e et 6e en réserve, — l'artillerie à gauche, la cavalerie sur les deux flancs. On marche à cheval sur le chemin Hangard—Cachy.

Bientôt la colonne s'arrête pour permettre à la 10e, que son itinéraire amène à traverser la partie ouest des bois, de la débarrasser des postes français qui l'occupent.

Un peu avant 11 heures, la 10e compagnie borde la lisière au coin nord-ouest du bois ; la **12e** et la batterie, reprenant leur marche, appuient trop à gauche dans la direction du bois de Fleye, créant de ce fait un vide de près de 600 mètres dans la ligne de combat.

Au bruit de la fusillade qui éclatait vers Gentelles, le commandant de la colonne du centre lance son monde en avant sur Cachy, qui paraissait faiblement défendu. A peine le mouvement est-il commencé que de nombreux tirailleurs français sortent du village par toutes les issues et marchent bravement à la rencontre des compagnies prussiennes. A 500 mètres, ces tirailleurs s'arrêtent et ouvrent un feu d'une violence inattendue de la part de pareilles troupes.

La 5e légère, dans l'imposssibilité de se mettre en batterie, recule et va, au galop, prendre position à 300 mètres à l'ouest du bois Hangard.

Les compagnies de première ligne, arrêtées dans leur mouvement, se maintiennent quelques instants au prix de pertes sérieuses ; mais trop éloignées l'une de l'autre, elles sont incapables de produire un effort sérieux ; la 10e se replie la première et rentre sous bois, la 12e recule à son tour de quelques centaines de pas ; la 6e est envoyée en toute hate, de la réserve, dans l'intervalle qui sépare ces deux compagnies.

L'arrivée de cette troupe fraîche, coïncidant avec l'apparition de contingents prussiens sortant de Gentelles (9e, 11e) et avec l'entrée en ligne d'une batterie au sud de ce dernier village, met un terme à l'offensive du 43e de marche ; ses quatre compagnies fusillées et canonnées de flanc et de front par cinq compagnies et deux batteries, se replient en combattant et viennent, à 300 mètres de Cachy, se former en demi-cercle autour du village. (Dans ce court engagement, elles ont perdu 9 officiers, dont le chef de bataillon.)

La conduite énergique de ces jeunes troupes en impose aux Allemands, et les qualités offensives de ces derniers paraissent être, sur ce point, paralysées pour toute la journée.

Le canon qui retentissait, quelques instants après, vers l'est, indiquait qu'il ne fallait plus compter sur l'intervention de la colonne de droite, occupée ailleurs. Le commandant de la colonne du centre, malgré sa supériorité numérique, se bornait alors à entretenir devant Cachy un combat de mousqueterie qui n'eut d'autres résultats que de vider prématurément les cartouchières. (Les dix compagnies du 4e régiment et les deux batteries n'avaient alors en face d'elles que sept compagnies françaises : 5 du 43e, 2 du 20e chasseurs.)

Dès le début de la contre-attaque française, la 5e compagnie, en réserve, pour se soustraire aux effets de la fusillade qui balayait tout le plateau, s'était jetée dans le bois Hangard où elle s'établissait derrière la 10e. La 1re compagnie de pionniers venait bientôt l'y rejoindre; quant au 2e escadron, croyant sa présence inutile devant Cachy, il se portait à l'extrême droite, où la partie était autrement sérieuse.

Colonne de droite. — Le combat de cette colonne sera étudié plus tard en détail.

A midi, les $\frac{7^e, 8^e}{4}$, sur la route Demuin—Villers, surprises, à leur sortie du défilé formé par les bois, par un feu violent d'infanterie parti de tranchées-abris (cote 98) dont on ne soupçonnait pas l'existence, étaient obligées de se réfugier dans la parcelle est du bois Hangard et tous leurs efforts pour en sortir restaient infructueux.

Peu après, le 44e, dont le Ier bataillon avait eu à essuyer le feu de batteries françaises établies à l'est de Villers, s'élevait vers le nord, le long de la lisière orientale du bois Morgemont; il consacrait huit compagnies à l'attaque des ouvrages de la voie ferrée (buttes de sable organisées pour la défense), les quatre autres restaient en réserve aux abords du bois.

A 1 heure, après un court corps-à-corps, les huit compagnies prussiennes prenaient possession de leur conquête — la 6e batterie se mettait en position à l'est des ouvrages, — mais leurs efforts pour continuer sur Villers étaient impuissants; l'arrivée, sur ce point, des renforts de la brigade Lecointe allait même, un instant, mettre cette conquête en péril.

Vers 1 heure, une sorte d'accalmie s'étend sur tout le champ de bataille de la 3e brigade.

A Cachy, où tout mouvement offensif a pris fin dès midi, les coups de canon se font entendre plus espacés ;

Aux tranchées de la cote 98, les brusques éclats de la fusillade qui marquaient chaque tentative des $\dfrac{7^e \text{ et } 8^e}{4}$ pour sortir du bois, ont cessé.

Développée sur un front de plus de 8 kilomètres, la 3e brigade, victorieuse aux deux ailes, a vu tous ses efforts échouer au centre ; elle n'offre plus que deux groupes compacts : l'un de huit compagnies, une batterie, à droite ; l'autre de cinq compagnies, une batterie, à gauche ; douze compagnies et une batterie garnissent entre les deux un front de 5 kilomètres avec des trous de 1000 à 2,000 mètres.

Cinq bataillons sur six ont été engagés ; les liens tactiques sont rompus entre la colonne du centre et la colonne de droite, et, dans cette dernière, deux compagnies sont complètement séparées du gros et luttent pour leur propre compte. Quant à la liaison avec le VIIIe corps elle est assurée par l'escadron d'escorte du général Manteuffel.

Du côté des Français, trois bataillons et demi ont été directement engagés — 20e bataillon de chasseurs, 43e de marche, bataillon d'infanterie de marine, deux compagnies du 48e mobiles. — Ce sont là les forces supérieures dont parle la relation allemande.

On commençait à s'apercevoir au Ier corps que c'était bel et bien une bataille que les Français acceptaient, que, avant de s'installer au cantonnement, le gros du corps d'armée devrait aller au secours de son avant-garde et que, vu la ténacité inattendue de la défense, il allait falloir, tout comme à Borny et à Noisseville, faire agir de grandes masses d'artillerie.

Les rapports envoyés de la colonne de droite signalaient l'arrivée à Villers de renforts considérables que l'on avait vus défiler sur la route de Corbie ; le général de Bentheim, prenant la direction du combat, dirigeait alors de ce côté toutes ses forces disponibles.

Le 1er échelon (1er régiment, 6 batteries de l'artillerie de corps, 2 batteries divisionnaires), parti de Bouchoir à 8 heures du matin, avait dû arriver sur la Luce avant midi ; or, à ce moment (la colonne de droite n'était pas encore engagée et la présence des forces françaises à Villers était toujours ignorée), on considérait la journée comme terminée, et les fractions du

1ᵉʳ échelon prenaient leurs cantonnements à Domart, Hourges, Thennes.

Entrée en ligne du 1ᵉʳ échelon. — A la réception des nouveaux ordres du général de Bentheim, l'artillerie restée aux abords de la cote 104 s'ébranlait au trot sur le chemin de Demuin, emmenant sur ses coffres un peloton d'infanterie comme soutien ; elle avait 4 kilomètres à parcourir avant d'arriver aux premières troupes de la 3ᵉ brigade.

Le 1ᵉʳ régiment, laissant quelques compagnies aux ponts de Domart et de Thennes, allait se former en arrière du centre de la 3ᵉ brigade, à l'est de Hangard.

Mais pendant que l'artillerie éprouvait un retard considérable au passage du pont fort étroit de Demuin, les troupes du 44ᵉ éprouvaient un échec sérieux vers la voie ferrée.

(Les deux bataillons et demi de la brigade Lecointe entraient en action : demi-bataillon de chasseurs le long de la voie ferrée, 65ᵉ et 75ᵉ de marche vers les tranchées de la cote 98.)

Vers 1 h. 15, la canonnade reprend avec violence sur les ouvrages conquis par le 44ᵉ, puis des masses du 48ᵉ mobiles, qui obstruaient la route à l'est de Villers, surgit une nouvelle troupe qui se déploie rapidement et se lance en avant de chaque côté de la voie ferrée (c'étaient trois compagnies du 2ᵉ bataillon de chasseurs, entraînant avec elles l'infanterie de marine, précédemment repoussée, et quelques mobiles).

Les ouvrages, par suite de leur orientation, ne se prêtaien guère à une bonne défense vers l'ouest ; les compagnies prussiennes, entassées derrière les buttes, n'avaient pas songé à s'étendre vers le nord ; enfin, la 4ᵉ compagnie, engagée seule à l'ouest, masquait le tir de la position principale.

Vers 1 h. 1/2, les huit compagnies prussiennes étaient chassées vers l'est (l'infanterie de marine réoccupait les ouvrages ; les compagnies de chasseurs s'établissaient face au sud-est, cherchant à se relier avec les défenseurs de la cote 98 ; deux batteries, soutenues par deux compagnies du 75ᵉ de marche, allaient prendre position au nord de la voie ferrée).

Sur ces entrefaites, quatre batteries de l'artillerie de corps arrivaient à l'est du bois Morgemont : elles entrent aussitôt en action ; les deux batteries de la 3e division de cavalerie débouchant à ce moment de Marcelcave, rejoignent la 6ᵈ batterie légère et, sous le feu concentrique de ces sept batteries, l'infanterie de marine décimée, prise à revers, se replie sur Villers — 2 heures — les compagnies du 44e rentrent aussitôt dans les buttes sans oser pousser au delà. L'artillerie allemande prend alors comme objectifs les quatre batteries françaises et les tranchées (cote 98).

Le feu des fractions françaises (2e bataillon de chasseurs), postées à l'est des épaulements de la cote 98, ne tarde pas à infliger des pertes sérieuses aux batteries prussiennes du bois de Morgemont (1400 mètres) ; les $\dfrac{1^{\text{re}} \text{ et } 2^{\text{e}}}{44}$ sont envoyées à la corne nord du bois, et les deux batteries de gauche, franchissant le vallon, se portent audacieusement en avant. Elles peuvent à peine se mettre en batterie : accueillies, à leur apparition sur la crête, à 800 mètres, par une violente fusillade, elles font demi-tour, poursuivies par des groupes de chasseurs à pied ; elles n'échappent à une destruction totale que grâce au feu des $\dfrac{1^{\text{re}}, 2^{\text{e}}}{44}$ postées sous bois.

Les chasseurs se jettent dans le bouquet de bois situé au nord, où ils vont tenir jusqu'à 4 heures, gênant considérablement le tir de l'artillerie.

Il était un peu plus de 2 h. 1/2 ; jusqu'à 4 heures, les Allemands vont attendre que leur artillerie, renforcée bientôt de trois nouvelles batteries, ait définitivement écrasé l'adversaire avant de porter leur infanterie en avant.

Jusqu'à 4 heures également, l'étude détaillée de la lutte n'offre plus qu'un intérêt secondaire ; en raison du développement exagéré du front de combat, la bataille dégénère en actions partielles dans lesquelles la tactique n'entre que pour une faible part ; l'arrivée de chacun des derniers bataillons du général Lecointe était marquée par une offensive vigoureuse de la part de nos jeunes troupes, offensive que les compagnies prussiennes établies sur la lisière du bois, ne repoussaient que grâce à leur artillerie.

C'est pour repousser une de ces attaques provoquée par l'arrivée aux abords de Cachy d'un bataillon du 91ᵉ de mobiles, que le général Pritzelwitz, qui avait pris la direction du combat de ce côté, faisait venir de Gentelles au bois de Fleye, particulièrement menacé, le $\frac{I}{4}$ et la 5ᵉ batterie lourde (2 h. 1/2).

Ce qui se passa à peu près au même moment, à 2 kilomètres plus à droite, mérite cependant quelques explications :

Depuis la reprise du feu à l'est de Villers, les deux compagnies du 4ᵉ régiment (7ᵉ, 8ᵉ), réfugiées dans la parcelle orientale du bois Hangard, s'épuisaient en vains efforts pour sortir du bois et participer à l'action commune.

Vers 1 heure, la ligne française se renforçait visiblement (65ᵉ et 3 compagnies du 75ᵉ de marche) et s'étendait vers l'ouest ; à 2 heures, les Français prennent l'offensive ; les 7ᵉ et 8ᵉ compagnies veulent résister, elles sont dispersées, chassées de la lisière, et une partie de la colonne assaillante (3 compagnies du 75ᵉ), poursuivant sa marche à travers bois, apparaît, vers 2 h. 1/2, sur les co eaux à 2,500 mètres au nord-ouest de Demuin ; le 2ᵉ groupe de l'artillerie de corps (3 batteries), débouchant du village, défilait en ce moment, en colonne de route, à 2,000 mètres environ, sur le chemin de Marcelcave ! Le peloton d'infanterie, perché sur les caissons, saute aussitôt à terre et, s'engageant sur le chemin de Villers, menace le flanc gauche des trois compagnies françaises (l'artillerie continuait au grand trot pour rejoindre la grande batterie du bois Morgemont) ; le 1ᵉʳ régiment achevait son rassemblement à l'est de Hangard, trois compagnies se portent sur la crête au nord, à la rencontre des compagnies du 75ᵉ de marche. Ces dernières, désunies par leur longue course, sans soutien, se replient sur le bois Hangard ; là, elles sont prises en flanc par des fractions de la $\frac{10ᵉ}{4}$ qui avaient pu suivre de loin l'action engagée contre les 7ᵉ et 8ᵉ et s'étaient rapprochées du théâtre de la lutte (la 5ᵉ et la compagnie de pionniers ne donnèrent pas signe de vie) ; les compagnies françaises, décimées, se replient à hauteur des tranchées, les fractions du 1ᵉʳ et du 4ᵉ régiments réoccupent la lisière.

Quant aux trois batteries de l'artillerie de corps, dont la position avait été si critique, elles étaient arrivées vers 3 heures, à l'est du bois Morgemont, et, probablement, sur l'avis qu'elles donnaient de ce qui venait de se passer, le général de Bentheim envoyait deux batteries, tirées de la grande ligne d'artillerie, soutenir le centre de la brigade.

Du côté du VIIIe corps, la lutte, qui avait paru se ranimer vers 1 heure, a cessé peu après 3 heures vers Saint-Nicolas et Boves. Les compagnies du 1er régiment, laissées à la garde des ponts de Domart et de Thennes, se sont laissées entraîner dans l'engagement des fractions du VIIIe corps, revenues sur la route de Moreuil et se trouvent actuellement, sur cette dernière route, au sud-ouest du bois de Gentelles.

Sous le feu écrasant des 78 pièces allemandes, les Français tenaient bon cependant, mais tout élan offensif était brisé ; leurs quatre batteries, dans cette lutte inégale, n'avaient pu être réduites au silence, et l'efficacité de leurs feux réduisait à une stricte défensive les dix compagnies du 44e entassées dans les ouvrages de la voie ferrée.

Aux tranchées de la cote 98, la situation était lamentable : canonnés de deux côtés par 36 pièces d'artillerie, à moins de 1800 mètres — la 1re lourde en était à 1200 — les défenseurs commençaient à donner des signes de lassitude.

A Cachy, la situation était meilleure ; l'artillerie allemande incendiait bien le village, mais la garnison, disséminée en avant dans les jardins, avait peu à souffrir. On apercevait d'ailleurs, dans l'ouest, les derniers bataillons du général Lecointe en marche sur Gentelles et le 46e mobile, sortant du bois de Blangy, se déployer au nord-ouest de Cachy.

A 4 heures, le général de Bentheim donnait, aux troupes des bois Hangard et Morgemont, l'ordre de marcher à l'attaque des tranchées (cote 98).

Les $\dfrac{1^{re},\ 2^{e}}{44}$, soutenues par trois compagnies du 1er régiment, se portent d'abord sur le petit bois, en débusquent les quelques fractions de chasseurs à pied qui l'occupent, puis, faisant à gauche, marchent sur les épaulements ; une batterie les accompagne.

Du bois Hangard, trois compagnies du 1er régiment et des

fractions ralliées des $\frac{7^e,\ 10^e}{4}$, sortent de la lisière et cherchent à aborder le flanc ouest des tranchées.

Se défilant à l'abri des tas de fumier qui couvrent la campagne, les contingents prussiens n'avancent que prudemment.

Devant l'attaque concentrique de ces neuf compagnies, les débris des bataillons de marche abandonnent leurs abris démantelés et se replient sur la voie ferrée; les Allemands prennent possession des tranchées, et l'artillerie du bois Morgemont concentre alors ses feux sur les quatre batteries françaises, qui tiennent toujours à l'est de Villers.

Un peu avant 5 heures, une de ces dernières, à bout de munitions, se replie au trot sur le village; son passage à travers des rangs du 48ᵉ mobiles y provoque une panique qui ne tarde pas à se propager dans toutes les troupes accumulées en ce point; la $\frac{4^e}{44}$, de beaucoup la plus avancée à l'ouest, s'en aperçoit et se porte en avant; le mouvement est imité par les compagnies installées aux tranchées nouvellement conquises.

L'assaillant ne se heurte plus, au milieu de l'obscurité naissante, qu'à des groupes que la panique n'avait pas atteints et qui se repliaient en bon ordre sur le village.

Cette dernière phase de la bataille, menée par dix compagnies dont huit avaient à peine été engagées jusqu'à présent, fut très peu sanglante et, malgré les « tambours battant et les hourras » de la Relation allemande, les Prussiens ne firent que 180 prisonniers.

C'était maigre et encore ces prisonniers appartenaient-ils presque tous à une compagnie du génie qui, ne quittant son poste, en face du 44ᵉ tout entier, qu'au dernier moment, vint se heurter dans Villers aux troupes prussiennes en train de fusiller quelques habitants.

A 7 heures du soir, le 1ᵉʳ régiment, le 44ᵉ et les $\frac{7^e,\ 10^e}{4}$ étaient rassemblés dans le village, couverts au nord par un bataillon du 1ᵉʳ.

A l'aile gauche, la situation de la 3ᵉ brigade était loin d'être aussi brillante.

Vers 4 heures, les $\dfrac{9^e, 11^e}{4}$ ayant épuisé complètement leurs munitions, évacuaient Gentelles et, purement et simplement, se repliaient sur Domart.

Le général Pritzelwitz, informé de ce fâcheux événement, envoyait aussitôt deux compagnies du Ier bataillon réoccuper le village ; à peine arrivées, ces dernières sont attaquées à l'improviste et repoussées sur le bois de Fleye.

Le général, inquiet sur la sécurité de son flanc gauche, menacé par des troupes ennemies signalées marchant par la grande route sur les ponts et, d'ailleurs, vivement pressé sur son front par les troupes fraîches sorties de Cachy, envoyait à Domart le $\dfrac{I}{4}$ et deux batteries, puis, à 5 heures, n'ayant aucune connaissance des événements survenus à Villers, il dirigeait sur Domart les dernières troupes prussiennes du plateau de Cachy.

On trouvait le pont gardé par un bataillon du 28e (de garde la veille au quartier général) et par le 41e, deuxième échelon du Ier corps, qui venait d'arriver. Les Français, après s'être rapprochés à 1000 mètres environ, s'étaient ensuite repliés sur Amiens. Le général Pritzelwitz faisait alors installer au cantonnement, à Hourges, les compagnies du 4e régiment ; le 41e, prenant les avant-postes, faisait réoccuper les bois de Domart, Fleye et Hangard ; Cachy n'était évacué par les Français qu'à 11 heures du soir.

Le 4e et le 44e passaient la nuit à 6 kilomètres l'un de l'autre.

Ils avaient perdu : le 4e régiment, 16 officiers, 264 hommes ; le 44e régiment, 18 officiers, 366 hommes ;

Les trois batteries de la brigade : 25 hommes, 21 chevaux ;

Les huit batteries du Ier corps : 5 officiers, 76 hommes, 63 chevaux ;

Les trois escadrons ne comptaient que 4 hommes blessés.

OBSERVATIONS.

Combat de la brigade.

I. *Commandement.* — Le 27 novembre, la 3e brigade était chargée de protéger le rassemblement du corps d'armée en prenant position sur un terrain que l'ennemi occupait encore la veille (combat du VIIIe corps) et qu'il occupait peut-être encore en ce moment.

Le général Pritzelwitz recevait ses instructions dans l'après-midi du 26.

Le corps d'armée suivant la route de Roye, on ne pouvait songer à poursuivre la marche par Cayeux sur Marcelcave, d'autant plus que l'on était tenu de ne pas trop laisser s'accroître le vide créé par le mouvement du VIIIe corps sur la rive gauche de la Noye. L'itinéraire par la grande route s'imposait donc ; mais alors il y avait là des défilés à franchir le lendemain sur le front d'une position sans doute occupée par l'ennemi. Le général résolut de s'en emparer le jour même. Sa tête d'avant-garde, qui en était la plus rapprochée, fut chargée de l'opération.

C'était de la bonne tactique ; le pont de Demuin fut occupé, celui de Domart l'était déjà par des fractions du VIIIe corps.

On se contenta, paraît-il, de cette simple occupation ; les ponts furent barricadés, mais nulle troupe ne fut envoyée au delà.

Le colonel de Tietzen n'était arrivé, il est vrai, qu'à la nuit tombante, et l'obscurité ne permettait plus de distinguer, sur la rive opposée, les crêtes des plateaux dominant la Luce à moins de 800 mètres, mais la seule inspection de la carte aurait dû suffire : pour assurer complètement le passage le lendemain, il fallait, non seulement tenir les ponts la veille, mais aussi prendre pied sur les hauteurs.

Le 27 au matin, la tête d'avant-garde, diminuée de quatre compagnies laissées à la garde des ponts, se rassemblait auprès de Hangard ; la cavalerie était partie à la découverte.

Dans leur Relation officielle, les Allemands disent que la tête d'avant-garde se rassemblait auprès de Hangard ; les écrivains militaires français ne précisent pas davantage ou disent simplement entre Hourges et Hangard. — Était-ce en deçà ou au delà de la Luce?

Pour être fixé à ce sujet, nous avons d'abord étudié soigneusement les conditions dans lesquelles se trouvait cette avantgarde et la mission qu'elle avait à remplir; puis, en examinant la composition bariolée des trois colonnes qui suivirent, nous avons été amené à placer, entre 8 et 10 heures du matin, cette fraction, au nord de Hangard, sur les première pentes du plateau.

Quelle était la mission du colonel de Tietzen?

Au courant du rôle qu'avait à jouer la 3e brigade, il devait s'efforcer de préparer au gros de l'avant-garde l'accès des plateaux au nord de la rivière; il ne fallait pas que ce gros eût à combattre peut-être pour prendre pied sur les premières pentes. La nuit avait été tranquille, il est vrai, mais les reconnaissances ennemies pouvaient, au matin, venir jusque sur la Luce, et si ce n'est empêcher, du moins retarder considérablement le passage sur la rive droite. Et alors, il suffit de se rappeler quel était l'esprit qui anima les officiers prussiens durant toute cette guerre pour être persuadé que le colonel de Tietzen n'aurait jamais voulu attendre d'être poussé par le gros de l'avant-garde pour prendre pied sur une position occupée par un ennemi problématique.

En outre, en supposant la tête d'avant-garde encore à Hourges lors de l'arrivée du gros, comment expliquer la composition de cette colonne de gauche qui va comprendre des éléments des deux parties de l'avant-garde, alors que toute la tête aurait été à proximité et que les Allemands faisaient tous leurs efforts pour éviter le mélange des unités?

Voici sans doute ce qui eut lieu : dans la nuit, le colonel fixait le rassemblement auprès de Hourges dans l'intention de passer la Luce dès le lever du jour: le lendemain matin, il franchissait la rivière, et l'annonce de l'occupation par l'ennemi des villages du plateau, le déterminait à attendre, en formation de rendez-vous auprès de Hangard, que le brouillard fût dissipé.

Nous nous en tiendrons donc là et nous admettrons que lors de l'apparition de la 3e brigade vers la cote 104, sa tête d'avantgarde était rassemblée au nord de Hangard avec quatre compagnies à la garde des ponts.

Le général Pritzelwitz, arrivé un peu avant 10 heures, était mis, par le colonel de Tietzen, au courant des événements : la cavalerie accueillie à coups de fusil aux abords des villages de Cachy et de Gentelles, les bois environnants occupés par des postes ennemis — du côté de Marcelcave et de Villers-Bretonneux où devait explorer le 3ᵉ escadron, pas de nouvelles. — Tels sont les renseignements sur lesquels le général engagea l'action.

Pour lui, la question dut se poser ainsi : l'ennemi, d'après les indications du quartier général, paraît s'être décidé pour la défense directe et rapprochée d'Amiens ; donc les troupes signalées à Cachy et à Gentelles, à 14 kilomètres de la ville, ne sont que postes avancés. Pour les déloger une attaque sur le front et une menace sur leur flanc, c'est plus que suffisant.

Quel flanc faut-il choisir ? Par la grande route de Roye, la menace serait rapide, efficace, bien que ces postes dussent se prolonger au delà vers Boves ; mais les troupes doivent être peu solides, peu manœuvrières, et la question serait vite réglée ; par la route Demuin—Villers, c'est plus long, le terrain est plus difficile, et l'on ne peut que repousser l'ennemi sur sa ligne de retraite naturelle ; en outre, ce mouvement donnerait au front un développement exagéré ; l'attaque enveloppante par la route de Roye semble devoir être préférable.

Mais, d'autre part, il est prescrit à la brigade de prendre position entre Gentelles et Marcelcave ; il faudra donc, après l'enlèvement de Cachy, s'étendre vers la droite, vers Marcelcave, autant vaut y aller de suite et faire l'attaque de flanc par la droite ; le front va être très étendu, mais à cela nul inconvénient, l'ennemi n'est pas de taille à en profiter et n'attend d'ailleurs que les premiers coups de fusil pour se retirer sur sa position principale.

Telles furent, selon nous, les raisons qui firent adopter le mouvement de flanc par la route Demuin—Villers, mouvement, répétons-le, qui conduisait le 44ᵉ sur l'emplacement que lui destinait le général dans sa ligne d'occupation de position Gentelles—Marcelcave.

Ces raisons expliquent seules le grand développement donné sciemment à son front, par le général, au début de la bataille.

Étant donnés les renseignements connus, la solution trouvée par le général Pritzelwitz était rationnelle.

La brigade était partagée en trois colonnes, chaque colonne

recevait une batterie et un escadron, afin de pouvoir, dans ce terrain accidenté, se suffire à elle-même.

Le général n'estimait pas devoir se constituer une réserve et cessait, par conséquent, de faire sentir son action sur la marche des événements.

La colonne de gauche franchissait le pont de Domart vers 10 heures, la colonne de droite n'arrivait à la corne sud du bois Morgemont que vers midi ; le déploiement de la brigade. partant de la colonne de route, avait duré deux heures sur un front qui était alors de 6 kilomètres.

II. *Artillerie*. — Nous venons de voir l'emploi qui avait été fait des trois batteries de la brigade.

L'action de l'artillerie de corps qui vint tirer la 3ᵉ brigade d'une situation presque désespérée mérite quelques détails.

Des huit batteries comprenant l'artillerie du 1ᵉʳ échelon, sept étaient dirigées sur le bois Morgemont ; retardées à leur passage du pont de Demuin, elles n'arrivaient sur le plateau qu'en deux groupes : quatre batteries vers 1 h. 1/2, les trois dernières à 3 heures ; leur feu, uni à celui de trois autres batteries déjà en position (est des ouvrages), brisait la ligne française, mais ne parvenait pas à éteindre le feu de quatre batteries établies à l'est de Villers. On peut, sans trop se hasarder, attribuer ce dernier résultat à ceci : les batteries lourdes, presque toutes placées dans la grande batterie de Morgemont, canonnaient surtout les tranchées de la cote 98 ; les batteries légères et à cheval, tirant un projectile moins puissant, placées aux abords de la voie ferrée, avaient pour objectif les batteries françaises.

Nous avons entendu dire que nos pièces françaises de 8 réussissaient souvent à déterminer la retraite ou le déplacement de l'artillerie allemande qui leur était opposée, alors que nos pièces de 4 n'y parvenaient jamais, au contraire ; on peut, croyons-nous, attribuer aux pièces légères prussiennes la même inefficacité relative.

Le général Bentheim faisait jouer à son artillerie de corps le rôle de réserve générale que le commandant de la 3ᵉ brigade n'avait pas constituée ; des batteries, envoyées de Demuin et même du bois Morgemont, allaient donner aux fractions de Cachy un appui que le 1ᵉʳ régiment n'était pas encore en état de fournir.

III. *Cavalerie.* — On peut dire hardiment que, le 27 novembre et les jours précédents, la cavalerie a été au-dessous de sa mission.

Dégageant trop tôt le front de la 1re armée, la 3e division de cavalerie commettait la faute de ne pas laisser au contact de petits détachements jusqu'à l'arrivée des escadrons divisionnaires ; par suite, l'exploration par ces derniers, dans la matinée du 27, fut incomplète ou eût lieu dans le vide.

La présence de forces françaises vers Corbie ne devait pas être ignorée du colonel de Tietzen ; la route Demuin-Corbie par Villers-Bretonneux était donc toute indiquée comme axe d'exploration du 3e escadron cantonné à Demuin. Il n'en fût rien ; cet escadron s'engagea vers Marcelcave.

Le silence de cet escadron, ou bien le lieu de départ de ses rapports s'il en fût adressé, aurait dû éclairer le colonel sur la fausse piste suivie par sa cavalerie de Demuin.

Cette indifférence du chef de la tête d'avant-garde pour la sécurité de son flanc droit, paraît avoir été partagée par le général Pritzelwitz lui-même, qui se contenta des renseignements incomplets qui lui furent donnés à son arrivée à Hangard.

Des trois escadrons de l'avant-garde, le premier seul, colonne de gauche, semble avoir joué un rôle actif dans le combat.

Le deuxième, colonne du centre, mal rassuré par le voisinage des bois au milieu desquels cette colonne combattait, se rendait, dès le début de l'engagement, à l'extrême droite où on le retrouve, le soir, suivant avec le 3e escadron les mouvements de la 3e division de cavalerie. Cet escadron eût été mieux inspiré, croyons-nous, en assurant la liaison de cette colonne du centre avec la colonne de droite ; il aurait pu, de cette façon, faire éviter au général Pritzelwitz son faux mouvement de retraite sur Domart, en le renseignant sur les succès de l'aile droite.

En résumé, le général commandant l'avant-garde, pénétré du rôle qui lui incombe pour la journée du 27, n'hésite pas, la veille, malgré l'heure avancée, à faire occuper les points de passage importants qui se trouvent à 8 kilomètres en avant de ses cantonnements. Cette occupation fut cependant incomplète.

Pour aborder, le 27, sur un plateau aux abords boisés et fort accidentés, un ennemi en position, mais qu'il prévoit ne pas devoir résister longtemps, il forme trois colonnes entre lesquelles il partage également son artillerie et sa cavalerie ; la colonne de droite, plus forte en infanterie, est chargée de menacer le flanc de l'ennemi.

Il donne à son déploiement un front très étendu, ce qui lui permettra, après une victoire facile, d'avoir ses deux régiments sur les emplacements qu'il leur destine dans l'occupation de sa position Gentelles—Marcelcave.

Il ne forme pas de réserve générale, le 1er échelon qui suit à 4 kilomètres devant, au besoin, en tenir lieu.

Ces dispositions se trouvèrent défectueuses par suite de l'orientation inattendue que l'on dût donner au combat à partir de midi ; la faute en incombait à la cavalerie et peut être aussi au colonel commandant la tête d'avant-garde.

Combat des petites unités.

Les pertes éprouvées par l'infanterie allemande, dans les batailles du mois d'août, avaient décidé le commandement à donner de nouvelles règles tactiques sur le combat de l'infanterie.

La ligne de colonnes de compagnie, avec ses tirailleurs la précédant de 200 à 300 pas, trop vulnérable pour les troupes de première ligne, fut écartée et remplacée par l'attaque en ordre déployé — les deux derniers pelotons de chaque compagnie engagée n'étaient plus en colonne, mais en ligne — et l'on défendit sévèrement de présenter au feu de l'ennemi, à moins de 2,000 pas, des demi-bataillons massés.

Cette méthode, que les commandants de régiments étaient invités à perfectionner encore, reçut sa première application à la reprise du Bourget, devant Paris, le 30 octobre : il y eût une colonne où les compagnies de réserve marchèrent tout entières déployées.

Mais bon nombre de chefs de corps restèrent réfractaires à ce nouvel ordre d'idées, et nous n'avons pu découvrir si les colonels des 4e et 44e étaient de ces derniers.

Ceci posé, nous étudierons spécialement, dans cette journée du 27 novembre, l'attaque du 44e régiment sur les ouvrages de la voie ferrée.

Attaque du 44e sur les ouvrages de la voie ferrée. — Le colonel de Bœcking recevait, vers 10 heures, l'ordre de marcher par Demuin sur Cachy ; il avait à sa disposition les $\dfrac{7^e,\ 8^e}{4}$, le 44e en entier, le $\dfrac{3^e}{10^e\ D.}$ et la 6e batterie légère.

De ces différents éléments, l'escadron et les deux compagnies du 4e étaient seuls à Demuin et au delà ; la batterie et le 44e étaient encore aux abords de la cote 104.

Prenons le 44e à son débouché sur la rive droite de la **Luce**. D'après la Relation allemande, les deux compagnies du 4e auraient attendu sur la route de Villers-Bretonneux, à l'entrée des bois, que le 44e se fût engagé plus à l'est, vers les bois de Morgemont.

Étant donnée l'affirmation de cette Relation, concernant l'ignorance dans laquelle on se trouvait sur la présence de forces ennemies à Villers et à la cote 98, il est singulier de voir ce 44e régiment, pour aborder Cachy par l'est, vouloir s'engager avec son artillerie dans les fourrés du bois de Morgemont, alors que la route Demuin—Villers était toute indiquée pour lui donner accès dans la région où il devait intervenir.

Si, réellement, le colonel Bœcking a ignoré jusqu'au dernier moment la présence des Français à Villers et au sud, il n'est guère admissible qu'il ait, de prime abord, dirigé sa colonne dans une direction si excentrique, hérissée de difficultés de toutes sortes et augmentant encore le front si développé de la brigade, front qui était déjà de 6 kilomètres en face d'une position ennemie que l'on supposait n'en avoir que trois : Gentelles—Cachy.

D'un autre côté, il est à croire que la Relation allemande, si prodigue d'éloges, n'aurait pas, sans motif sérieux, imputé à sa cavalerie une pareille négligence : défaut d'exploration dans la direction de Villers.

Nous devons donc admettre sa rédaction ; par suite, les dispositions prises pour la traversée du bois de Morgemont ne peuvent s'expliquer que par la réception de nouveaux renseignements.

Renseignements venant de qui ? De la cavalerie ! Mais alors les surprises des $\dfrac{7^e\ 8^e}{4}$ en face de la cote 98, du $\dfrac{I}{44}$ sur la lisière du bois de Morgemont deviennent inexplicables.

Des $\dfrac{7^e\ \text{et}\ 8^e}{4}$ lancées en avant ! C'est probable, mais seulement après la désagréable aventure qui attendait ces dernières en face des tranchées.

La Relation allemande, en disant que les $\dfrac{7^e\ 8^e}{4}$ attendaient à l'entrée du défilé que le 44e se fût engagé plus à l'est, a fait une erreur volontaire pour atténuer autant que possible la faute grave commise par ces deux compagnies. Pour nous, le 44e ne s'engagea plus à l'est que lorsque l'accident arrivé à ces deux fractions l'eût averti de l'existence de forces ennemies retranchées à la cote 98.

Développement probable du combat.

Le colonel de Bœcking, partant de Demuin, pour aborder la position de Cachy par l'est, ne pouvait que s'engager sur la route de Villers, en faisant reconnaître les bois qui forment une sorte de défilé, à 1800 ou 2,000 mètres au nord du pont.

Au delà de ce défilé, on se trouvait à 3,000 mètres de Cachy, à 3,000 mètres de l'attaque de front ; quelques compagnies, envoyées alors vers la gauche, suffiraient pour établir la liaison, pendant que le gros de la colonne continuerait jusqu'à la route Cachy—Marcelcave et se rabattrait ensuite vers l'ouest.

Les deux compagnies du 4e (au pont) durent recevoir l'ordre de précéder la colonne sur la route de Villers, de fouiller les bois et de les débarrasser des postes ennemis qui pourraient s'y trouver ; au débouché des bois, elles assureront la liaison avec la colonne du centre.

Le 44e devait s'engager à leur suite dans la direction de Villers-Bretonneux.

Les deux compagnies quittent leur emplacement de garde du pont vers 10 heures et s'avancent dans la direction indiquée.

A leur arrivée sur la croupe qui domine Demuin, accueillies par quelques coups de fusil partant de la lisière des bois, ces compagnies s'arrêtent et n'osent s'aventurer plus loin ; quelques tentatives timides et inutiles sont faites peut-être, pour aborder les lisières, mais on s'en tient là

Vers 11 heures, le canon se fait entendre vers Gentelles et Cachy, les postes opposés ne tardent pas à disparaître sous bois (Historique des bataillons de marche ayant pris part au combat).

On dût commettre la faute de ne pas les faire suivre.

Peu après le 44e commençait à gravir, en colonne de route, les premières pentes de la croupe où se tenaient nos deux compagnies.

Ces dernières se hâtent alors de remplir la mission qui leur a été confiée.

Elles se portent rapidement en avant, en colonne de route et sans trop de précautions ; vers 11 h. 1/2, à hauteur de la corne nord-est du bois de Hangard, une violente fusillade les arrête ; cette fusillade, partant de retranchements situés à 900 mètres dans le nord, devient bientôt telle que les deux compagnies n'ont d'autre ressource que de se jeter dans la parcelle de bois à l'ouest de la route.

Il y eût là une véritable surprise qui ne peut s'expliquer autrement que par ce qui vient d'être dit.

Le 44e attendait à l'entrée du défilé le résultat de la reconnaissance tardive des deux compagnies du 4e ; ses derniers éléments et la batterie achevant de franchir le pont.

Informé de la présence d'ouvrages français fortement occupés, à la cote 98, le commandant de la colonne dirige aussitôt son 1er bataillon vers la droite, pour prendre ces ouvrages à revers, en traversant le bois de Morgemont.

Les autres bataillons se forment en colonne double, à cheval sur la route, prêts à toute éventualité (Voir croquis d'ensemble, ci-dessus).

Un peu avant midi, les deux compagnies de tête (1. 2.) du 1er bataillon pénètrent dans le bois par la lisière sud-est ; les deux autres suivent à grande distance 400 ou 500 mètres.

Arrivées sur la lisière nord, les 1re et 2e compagnies se reforment et veulent porter leurs pelotons de tirailleurs en avant ; fusillés de front par les défenseurs des tranchées, canonnés subitement par des batteries placées plus loin encore, à 2,000 mètres dans le nord, les tirailleurs et leurs compagnies rentrent sous bois.

La présence de cette artillerie dans la direction de Villers étai grosse de menaces et annonçait l'existence de forces nombreuses dans les environs.

· Le colonel de Bœcking put s'en convaincre lorsque, averti de la résistance à laquelle s'était heurté son Ier bataillon, il se porta à la corne nord-est du bois de Morgemont, pour juger lui-même la situation. Ce n'était même plus la position de Villers qu'il allait falloir attaquer, c'était cette longue ligne de retranchements que l'on voyait s'étendre à 2 kilomètres plus à l'est.

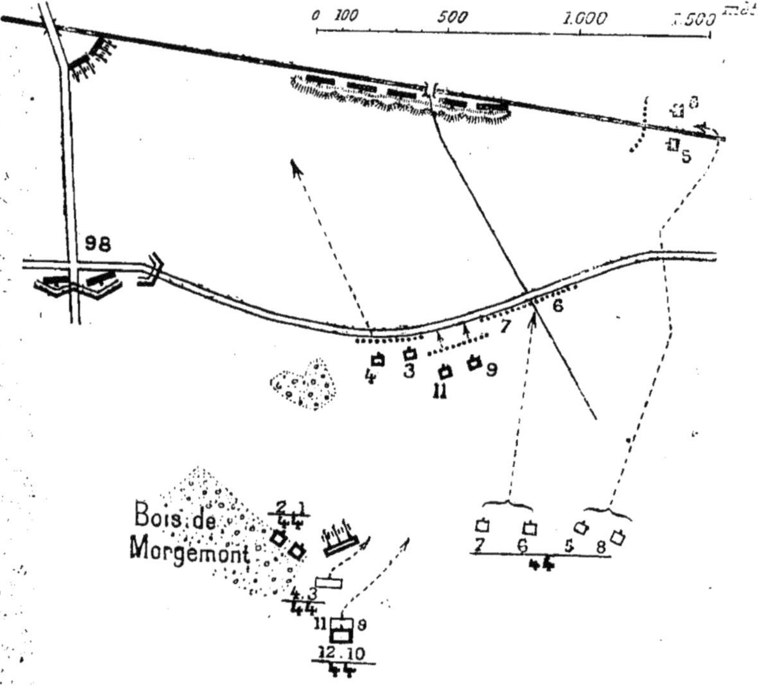

Voici le résultat de la décision, décision rapide s'il en fût, du colonel : la batterie se porte à grande allure à la corne nord-est du bois et entre en action contre l'artillerie française ; les 3e et 4e compagnies sont retirées de l'intérieur du bois et forment son premier soutien.

Les IIe et IIIe bataillons font à droite et viennent s'établir à quelque distance en arrière de l'artillerie, masqués par les arbres.

Les 1re et 2e compagnies quittent leurs positions en face des tranchées et viennent garnir la lisière nord-est, à gauche de la 6e batterie.

Les $\dfrac{7^e\ et\ 8^e}{4}$ sont abandonnées à leur sort ; elles serviront, d'ailleurs, de liaison entre la colonne du centre et le 44e, qui va être obligé d'appuyer encore plus à droite.

Vers midi 1/2, le IIe bataillon, désigné pour l'attaque des ouvrages, s'ébranlait dans la direction de la voie ferrée.

A notre avis, cette attaque était prématurée, et la leçon de Montoy ne paraissait pas avoir laissé de trace dans l'esprit du colonel. Quel que fût, en effet, le mépris dans lequel ce dernier pouvait tenir les troupes françaises, il était au moins imprudent de commencer si tôt une attaque contre une position fortifiée. On ne sait jamais ce dont sont capables des troupes, même mauvaises, lorsqu'elles combattent derrière des retranchements.

L'artillerie allemande ne pouvait intervenir que pour une faible part dans l'engagement qui se préparait, occupée elle-même à répondre à l'artillerie française supérieure en nombre.

Un vrai glacis de plus de 1800 mètres s'élevait en pente douce jusqu'à la position ennemie, glacis coupé en son milieu par la route Cachy—Marcelcave, dont les fossés présentaient les seuls abris utilisables pour l'attaque.

La position retranchée était constituée par une ligne de buttes de sable provenant des travaux récents de la voie, buttes hautes de 2 à 3 mètres en moyenne et que l'on avait organisées pour la défense ; sa garnison était de trois compagnies d'infanterie de marine et de deux compagnies du 48e mobiles ; son point faible était à l'est.

Le IIe bataillon prend comme direction l'extrémité orientale des buttes et porte ses quatre compagnies en ligne ; l'artillerie dépassée, les deux compagnies de gauche marchent droit au nord, les deux autres (5e, 8e) accentuent encore leur marche vers le nord-est.

Soumis peu après à une fusillade violente, le bataillon atteint rapidement le chemin Cachy—Marcelcave ; les 6e et 7e déployées tout entières s'embusquent dans les fossés et soutiennent, par leur feu (800 mètres), l'attaque de flanc qui semble présenter plus de chances de réussite. Mais cette dernière, s'avançant à découvert, ne tarde pas à être prise comme objectif par l'artillerie française ; elle appuie à droite, et son mouvement en est retardé.

La fusillade française commençait à causer des pertes sensibles dans les rangs du IIe bataillon.

Le colonel de Bœcking se rendit compte alors de la difficulté de l'opération ; pour éviter un échec imminent, il porte d'un seul coup quatre nouvelles compagnies sur la ligne de combat. Le danger devait être pressant, car au lieu d'utiliser le IIIe bataillon en entier, on fit d'abord partir les 3e et 4e compagnies qui étaient le plus à portée, puis les 9e et 11e.

Ce puissant renfort vient prolonger la gauche du IIe bataillon et arrive sur la chaîne au moment où les 5e et 8e parvenaient sur la voie ferrée, à 500 ou 600 mètres des ouvrages.

Sous la protection du tir de ces deux compagnies, prenant à revers les positions françaises et causant une panique parmi les deux compagnies de mobiles, la ligne tout entière se porte en avant, par bonds successifs alternant avec le feu, la compagnie d'extrême-gauche (4e) se dirigeant vers la sortie ouest des buttes.

Après un court corps à corps, les huit compagnies prussiennes restaient maîtresses de la position ; la 4e compagnie, qui voulait pousser sur Villers, était maintenue par le feu d'une troupe postée sur le pont du chemin de fer ; il était 1 heure.

En fournissant cet effort, le 44e paraît avoir épuisé toute son énergie ; les Français, repoussés mais non vaincus, sont à moins de 1000 mètres dans l'ouest ; leur attitude, les renforts que l'on peut voir encore à ce moment descendre la grande rue de Villers, annoncent la reprise prochaine de la lutte, et cependant personne ne songe à prendre les précautions indispensables. L'orientation des ouvrages conquis se prêtait mal à une bonne défense vers l'ouest ; il aurait fallu s'étendre vers le nord, afin de donner plus de développement à la ligne de feu et reconstituer une réserve : les quatre dernières compagnies du régiment n'ayant pas bougé des abords du bois, ne se trouvaient plus en mesure de participer au combat.

Rien de tout cela ne fut fait. La 4e compagnie fut laissée dans sa position aventurée entre les ouvrages et la ligne ennemie ; les sept autres compagnies, entassées derrière les monticules de sable, ne parurent avoir d'autre préoccupation que de se garantir du feu de l'artillerie française, qui couvrait la position de ses obus.

Lorsque, un quart d'heure plus tard, les Français se portèrent en avant, les deux bataillons du 44e étaient encore dans un tel désordre qu'ils furent chassés et culbutés par trois compagnies fraîches de chasseurs à pied.

A 2 heures, le 44e rentrait dans les ouvrages évacués de nouveau par les Français (entrée en ligne des sept batteries du Ier corps et de la 3e division de cavalerie), mais son rôle est fini pour toute la journée. Il va, comme tout à l'heure, se terrer derrière les huttes et y rester jusqu'à la nuit, laissant sa 4e compagnie qui, sans doute, avait quelque chose à faire oublier (14-31 août), s'épuiser en vains efforts pour pousser dans la direction de Villers-Bretonneux.

Peut-être cette attitude passive était-elle le résultat d'un ordre donné par le général de Bentheim, qui voulait se conserver un groupe compact sur son flanc droit? Mais à partir de 4 heures du soir, lorsque le succès était déjà assuré par la prise des des tranchées de la cote 98, cette passivité n'avait plus de raison d'être. A ce moment, les deux bataillons du 44e et la 3e division de cavalerie avec son bataillon de chasseurs se portant, en avant sur Villers, sur l'artillerie française à qui les munitions commençaient à manquer, enserraient la gauche française dans un cercle presque infranchissable.

Les compagnies du 44e ne quittèrent leurs abris qu'à la nuit noire, après l'enlèvement, par le 1er régiment, de Villers-Bretonneux.

En résumé, le commandant de la colonne de droite, fixé vers midi seulement sur la direction à donner à son attaque, prend hâtivement ses dispositions.

Un bataillon est chargé de l'opération que l'artillerie n'est pas encore en mesure de préparer. Dans ce bataillon, deux compagnies s'efforcent, par leurs feux exécutés à 800 mètres, de suppléer au manque de préparation par l'artillerie, pendant que les deux autres compagnies sont chargées de l'attaque de flanc.

Devant la supériorité incontestable de la défense, le commandant de la colonne se voit dans la nécessité de renforcer sa ligne de combat par quatre nouvelles compagnies; les quatre dernières lui servent à assurer la liaison entre ses deux bataillons de première ligne et le reste de la brigade.

Vers 1 heure, les quatorze compagnies de la colonne occupent un front de plus de 3,000 mètres.

Lors de l'enlèvement des ouvrages, les deux bataillons de première ligne y entrent tous à la fois, et aucune mesure n'est prise contre un retour offensif probable des troupes françaises.

Pertes. — Le 4e régiment comptait 16 officiers, 264 hommes hors de combat ; les 7e et 8e compagnies avaient perdu près du tiers de leur effectif ; au 44e, les pertes étaient de 18 officiers, 366 hommes, supportées surtout par le IIe bataillon et la 4e compagnie.

L'examen de ces chiffres permet de tirer les conclusions suivantes :

Les officiers prussiens, tout comme les nôtres, durent payer largement de leur personne pour entraîner leurs troupes hésitantes.

Le jour de la sanglante bataille de Borny, la brigade perdait 42 officiers pour 945 hommes, soit 4,5 p. 100 ; le 31 août, 21 officiers pour 794 hommes, soit 2,6 p. 100 ; le 27 novembre, elle perd 34 officiers pour 630 hommes, soit 5,4 p. 100. Ces chiffres seuls démontrent mieux que tout raisonnement à quel point le moral de la troupe, dans la 3e brigade, était affaibli.

Cette forte proportion des pertes en officiers est surtout sensible au 4e régiment où les compagnies, combattant presque toutes sous bois, avaient besoin d'être entraînées par leurs officiers pour sortir de leurs abris.

Au 44e, au contraire, qui au début et là où il a éprouvé les plus grandes pertes, a marché en terrain découvert, dans une formation presque normale de combat, par bonds successifs, tout comme sur le champ de manœuvres, la proportion des officiers tués ou blessés est relativement moins élevée.

COMBAT DE VILLERS-BRETONNEUX

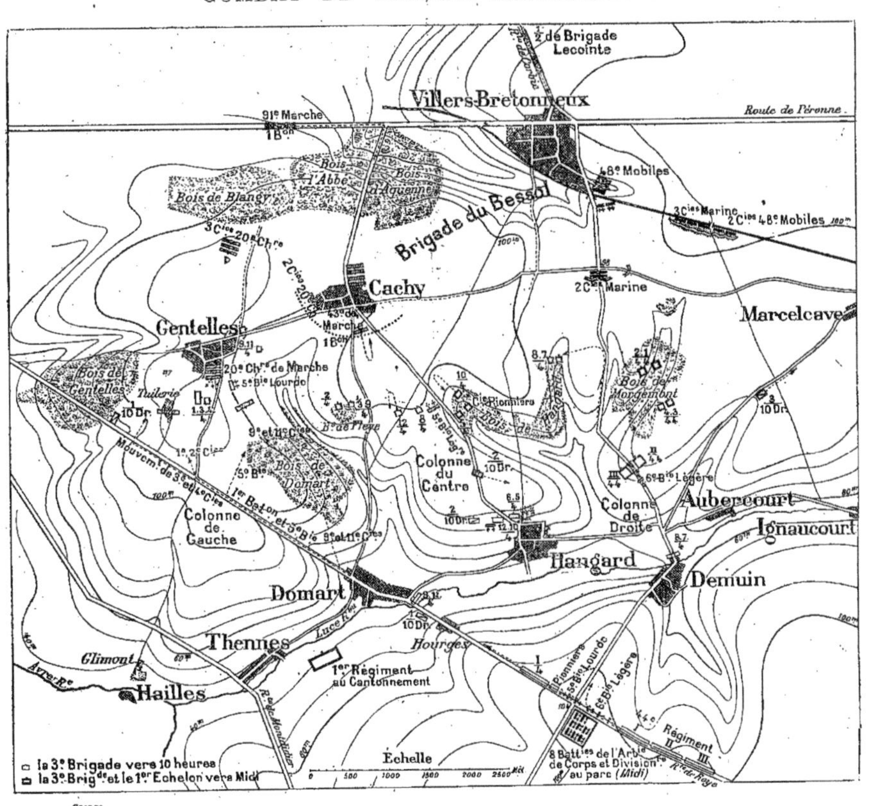

VERMAND ET SAINT-QUENTIN

(18–10 JANVIER 1871)

Dans la journée du 27 novembre, la 3ᵉ brigade, de toutes les autres fractions de la Iʳᵉ armée, avait été de beaucoup la plus éprouvée — les pertes des régiments du VIIIᵉ corps se montaient à 70 hommes en moyenne — ; aussi fut-elle désignée pour former à Amiens la réserve de l'armée d'observation de la Somme.

Le dernier envoi des hommes de complément, parti d'Allemagne au commencement de novembre, arrivait sur ces entrefaites et permettait de combler les vides creusés par la rude journée de Villers-Bretonneux.

Néanmoins, la 3ᵉ brigade ne figurera plus d'une façon active, sur le théâtre d'opérations de la Iʳᵉ armée qu'à partir de la seconde quinzaine de janvier.

Elle va, dès la fin de novembre, former une sorte de détachement manœuvrant autour d'Amiens, entre le VIIIᵉ corps, qui opère vers Péronne, et le 1ᵉʳ corps, qui est à Rouen.

Ce dernier, à chaque mouvement des mobiles du général Roy sur la basse Seine, réclamait des renforts que l'on se hâtait de faire rentrer à Amiens, lorsque le général Faidherbe esquissait une de ses pointes sur la Somme et réciproquement.

A Pont-Noyelles, la 3ᵉ brigade sera en réserve à la disposition du général en chef et n'aura pas occasion de s'engager.

Pendant la journée de Bapaume, le 4ᵉ régiment sera à Amiens, le 44ᵉ à Rouen.

Le 10 janvier, la brigade est de nouveau réunie et forme, avec deux bataillons du 1ᵉʳ régiment et 4 batteries, un détachement gardant les passages de l'Halluc ; les bataillons comptaient 800 hommes à la 3ᵉ brigade, 900 au 1ᵉʳ régiment, tous les convalescents en état de marcher étaient rentrés dans le rang.

Le 13, le détachement passait sous les ordres du général von Grœben, commandant la 3ᵉ division de cavalerie, et comprenait alors :

8 bataillons d'infanterie, 3 escadrons, 4 batteries, sous le général Memerty ;

11 escadrons et 1 batterie, sous le général Dohna.

Le 16 janvier, la marche vers l'Est était entamée, marche qui devait aboutir à la bataille de Saint-Quentin.

Au repos depuis sept semaines, la 3e brigade aurait donc dû se trouver dans des conditions exceptionnelles pour reprendre la campagne ; en outre, les coups terribles infligés à l'armée de la Loire par le prince Frédéric-Charles venaient d'être portés à la connaissance des troupes et étaient bien faits pour exciter leur émulation. Chacun sentait la guerre sur le point de finir et, puisque cette infatigable armée du Nord venait encore, en quelque sorte, offrir le combat, il fallait profiter de l'occasion et ne plus se contenter de demi-victoires comme Pont-Noyelles et Bapaume.

N'était-ce point humiliant d'être obligé de s'avouer que, dans ces deux journées, l'ennemi avait choisi son lieu et son heure pour effectuer sa retraite, sans que l'on se fût trouvé en état de l'inquiéter ? Pour effacer tout cela, il faudrait un petit Sedan. Le petit Sedan fut bien préparé, mais le général Grœben « manqua d'estomac » et la 3e brigade aussi.

Un coup d'œil sur l'armée française du Nord n'est pas de trop.

Formée à deux corps d'armée de deux divisions, avec, en plus, deux brigades non endivisionnées, l'armée du Nord eût été très redoutable si elle n'eût contenu dans son sein deux causes principales d'infériorité :

1º La faiblesse de son artillerie ; 2º la présence des mobilisés.

L'artillerie, il est vrai, comptait au total 100 pièces de canon, mais les calibres variaient du 12 de campagne au 4 de montagne (26) en passant par l'obusier lisse.

Les régiments de mobiles, dont une partie des chefs avaient été remplacés après Villers-Bretonneux, avaient vaillamment réparé depuis leurs défaillances du début : aguerris par de nombreux combats, ils pouvaient figurer honorablement à côté des régiments de marche.

Il n'en était malheureusement pas de même des vingt et un

bataillons de gardes nationaux mobilisés. Inutilisés, et pour cause, à Pont-Noyelles, ils compromettaient, à Bapaume, le succès définitif par leur piteuse attitude du côté de Beugnâtre.

A cela, il faut ajouter l'état de dénûment extrême dans lequel se trouvait l'armée du Nord et la diversité extraordinaire de son armement — la brigade Pauly, armée de fusils à tabatière, reçut 300 chassepots l'avant-veille de la bataille de Saint-Quentin — ; enfin, dans certains bataillons, les hommes tirèrent, le 19 janvier, leur premier coup de fusil.

Dans son ensemble, l'armée française allait opposer aux 27,000 fantassins, aux 5,500 cavaliers et aux 161 canons de l'adversaire, 28,000 fantassins, dont plus de 8,000 mobilisés, 500 dragons et gendarmes et 100 pièces diverses d'artillerie.

Vermand (18 janvier).

Le 18 janvier, à 8 heures du matin, le détachement Grœben rompait de Cléry-sur-Somme pour marcher par Vermand sur Saint-Quentin.

La 15e division franchissait la Somme, au même moment, à Bric et Saint-Christ, et marchait sur Beauvois.

Le général Kummer, commandant la 15e division, avait le commandement de ces deux fractions, qui formaient l'aile gauche de la Ire armée. Les autres troupes de cette armée opéraient au sud de la Somme.

A 12 kilomètres de là, le 22e corps français quittait à la même heure ses cantonnements de Vermand et de Pœuilly pour marcher par Beauvois sur Saint-Quentin, tandis que, plus au Nord, le 23e corps, marchant parallèlement au détachement Grœben, quittait Roisel et s'engageait sur la route de Vermand. Il allait nécessairement y avoir rencontre.

Un peu avant midi, la colonne Grœben, arrivée à Doingt, entendait à 10 kilomètres dans le Sud le bruit de la canonnade engagée par la 15e division sur les dernières troupes du 22e corps.

Là marche est aussitôt reprise, et pendant que la cavalerie de la colonne (général Dohna) prend par Cartigny et Hancourt, l'infanterie du général Memerty s'avance sur la route de Beauvois.

Au carrefour d'Estrées-en-Chaussée, à 2 heures, l'avant-garde (4e régiment) trouve le général Kummer dirigeant le combat de la 15e division ; la tête d'avant-garde $\left(\dfrac{1}{4}\right)$ continue sur la ferme de Cauvigny pour y renforcer des fractions de la 15e division aux prises avec de nouvelles forces ennemies venant de l'Est. Peu après, le bataillon était rappelé et la colonne s'engageait sur la vie romaine.

Pœuilly, occupé par des troupes du 23e corps, est enlevé par le 4e régiment, qui pousse ensuite sur le plateau de Vermand ; là, arrêté par des forces supérieures, il entame une fusillade qui ne cessera qu'à la nuit.

Le général Memerty y est dangereusement blessé ; le colonel Massow, du 1er régiment, le remplace dans son commandement.

A 5 heures, le combat était terminé ; le détachement Grœben prenait ses cantonnements à Pœuilly et Vraignes (infanterie et artillerie), Fléchin et Hancourt (cavalerie) ;

La 15e division cantonnait à Caulaincourt et Beauvois ;

L'ennemi était en retraite sur Saint-Quentin.

Les pertes du 4e régiment se montaient à 5 officiers, 203 hommes.

Le combat du 4e régiment à Pœuilly sera étudié plus tard en détail.

Saint-Quentin (19 janvier).

Dans la soirée du 18, le général Kummer, commandant l'aile gauche, recevait du général en chef les instructions pour la journée du lendemain.

Ces instructions pouvaient se résumer ainsi : « S'ébranler à 8 heures du matin et s'avancer par les deux routes de Vermand et d'Étreillers sur Saint-Quentin pour attaquer les forces ennemies qui lui feront face, en s'efforçant, autant que possible, de les déborder au Nord ».

Le général en chef ajoutait : « Il faut terminer la guerre dès demain ; il s'agit, avec toutes nos forces réunies et notre artillerie déployée, de pousser énergiquement en avant pour culbuter tout ce que l'ennemi peut nous opposer.

« Dans le cas où il n'attendrait pas notre attaque, on le pour-
suivrait énergiquement avec toutes nos forces. L'expérience a
appris, en effet, que contre des troupes si faiblement organisées, c'est moins le combat lui-même qui donne les plus grands
résultats que son action dissolvante. »

La 15e division recevait l'ordre de marcher par Étreillers,
L'infanterie du général Grœben par Vermand ;
La cavalerie Dohna, s'élevant au Nord-Est, devait chercher à
atteindre la route de Cambrai.

Le 19 janvier, à 8 heures du matin, l'avant-garde du colonel
Massow rompait de Pœuilly et s'engageait sur la chaussée
romaine.

La brigade Dohna, à laquelle, par une singulière anomalie eu

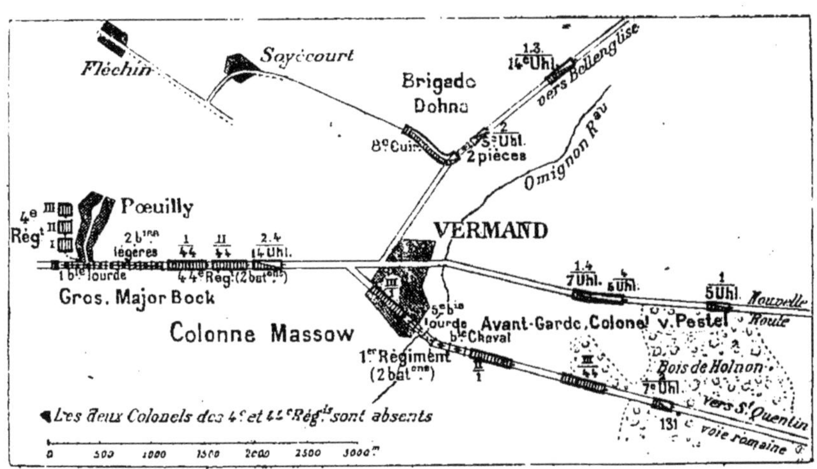

égard à sa mission, on avait enlevé quatre de ses escadrons et
quatre pièces de sa batterie à cheval, se portait de Fléchin sur
Bellenglise par Soyécourt et Vadencourt.

D'après la suite des événements ultérieurs, le détachement
Grœben paraît avoir marché dans l'ordre ci-après :
L'avant-garde de la colonne Massow était sous le commandement du lieutenant-colonel de Pestel, du 7e uhlans, et comprenait :

3 bataillons, 5 escadrons, 10 pièces d'artillerie.

Le gros, sous le commandement du major Bock, du 44e, comprenait :

5 bataillons, 2 escadrons, 3 batteries.

La brigade Dohna ne comptait plus que :

7 escadrons, 2 canons.

La journée s'annonçait triste et pluvieuse. Le dégel était survenu depuis quelques jours, et les routes, défoncées par les passages continuels de troupes, étaient recouvertes d'une boue épaisse retardant considérablement la marche.

L'avant-garde entrait à Vermand vers 9 heures, y ramassait quelques traînards et continuait par la voie romaine ; quatre des escadrons de tête prenaient par le nord de la ville et s'engageaient sur la nouvelle route par le pont de l'Abbaye.

Vers 10 heures, l'escadron de pointe, $\dfrac{2^e}{7^e \text{ uh.}}$, parvenu aux abords de la cote 131, dans le bois de Holnon, se repliait en annonçant l'approche d'une colonne ennemie suivant la chaussée.

Le $\dfrac{\text{III}}{44}$ déploie aussitôt ses deux compagnies de tête (10e, 11e) à droite et à gauche de la route ; les 9e, 12e s'engagent sous bois et cherchent à gagner les flancs de l'ennemi qui a pris position : bataillon de voltigeurs du Nord, division Robin, ayant cantonné à Holnon.

La fusillade ne tarde pas à éclater ; l'ennemi, menacé sur ses flancs, se replie, évacue le bois ; il est recueilli par d'autres troupes assez nombreuses qui garnissent la face ouest de Holnon.

Soumis, à sa sortie du bois, à des feux d'infanterie et d'artillerie, le $\dfrac{\text{III}}{44}$ descend rapidement dans le ravin, et les 10e et 11e compagnies viennent s'établir un peu en arrière de la crête, à 300 mètres du village, prêtes à se porter en avant ; le $\dfrac{\text{II}}{1}$ à son tour vient se masser derrière le $\dfrac{\text{III}}{44}$ pendant que l'artillerie

de l'avant-garde, prenant position au nord de la route, à la
lisière même du bois, canonne à moins de 800 mètres les défenseurs du village.

Il était un peu plus de 10 h. 1/4. De la lisière est des bois, où
le général Grœben venait d'arriver, on découvrait presque dans
son entier le futur champ de bataille.

Les craintes que l'on avait de voir l'ennemi se dérober et
refuser le combat, tombaient d'elles-mêmes devant le tableau
qui se déroulait sous les yeux :

D'abord, le grondement continu du canon, qui se faisait entendre à une dizaine de kilomètres dans le sud-est, indiquait
une action chaudement engagée du côté de la 16e division.

En avant de la 15e division tout était silencieux. L'horizon y
était d'ailleurs très limité par la corne fortement accentuée des
bois de Holnon ; mais là non plus, l'ennemi ne battait pas en
retraite, au contraire ; les troupes françaises venues de Saint-
Quentin marchaient sur les bois de Savy.

Le mouvement de terrain de la cote 138 ne permettait pas de
voir ce qui se passait sur la route de Ham.

En face, les trois villages de Holnon, Selency, Francilly, semblaient n'en former qu'un ; leurs clôtures, leurs jardins vastes et
plantés d'arbres ne laissaient que très imparfaitement deviner
les positions adverses ; mais au delà, la voie romaine était couverte de troupes sortant de la ville, dont les unes venaient disparaître aux abords de Francilly, tandis que les autres semblaient s'établir en réserve au sud de la chaussée.

A gauche, une longue croupe partait de Selency dans la direction du nord-est, laissant voir à 3,500 mètres environ les
premières maisons et l'église de Fayet ; puis, le terrain continuant à s'élever, on distinguait, un peu à gauche de l'église, les
arbres de la route de Cambrai. On en était à 5 kilomètres.

Fayet était-il occupé ? C'était probable ; une batterie et un
bataillon environ étaient au moulin de la Tour, à 1000 mètres
en avant du village.

Les quatre escadrons de uhlans flanquant la colonne à gauche
étaient arrivés depuis quelque temps aux abords de la cote 134
et l'on voyait leurs patrouilles s'engager sur Fayet et sur
Fresnoy.

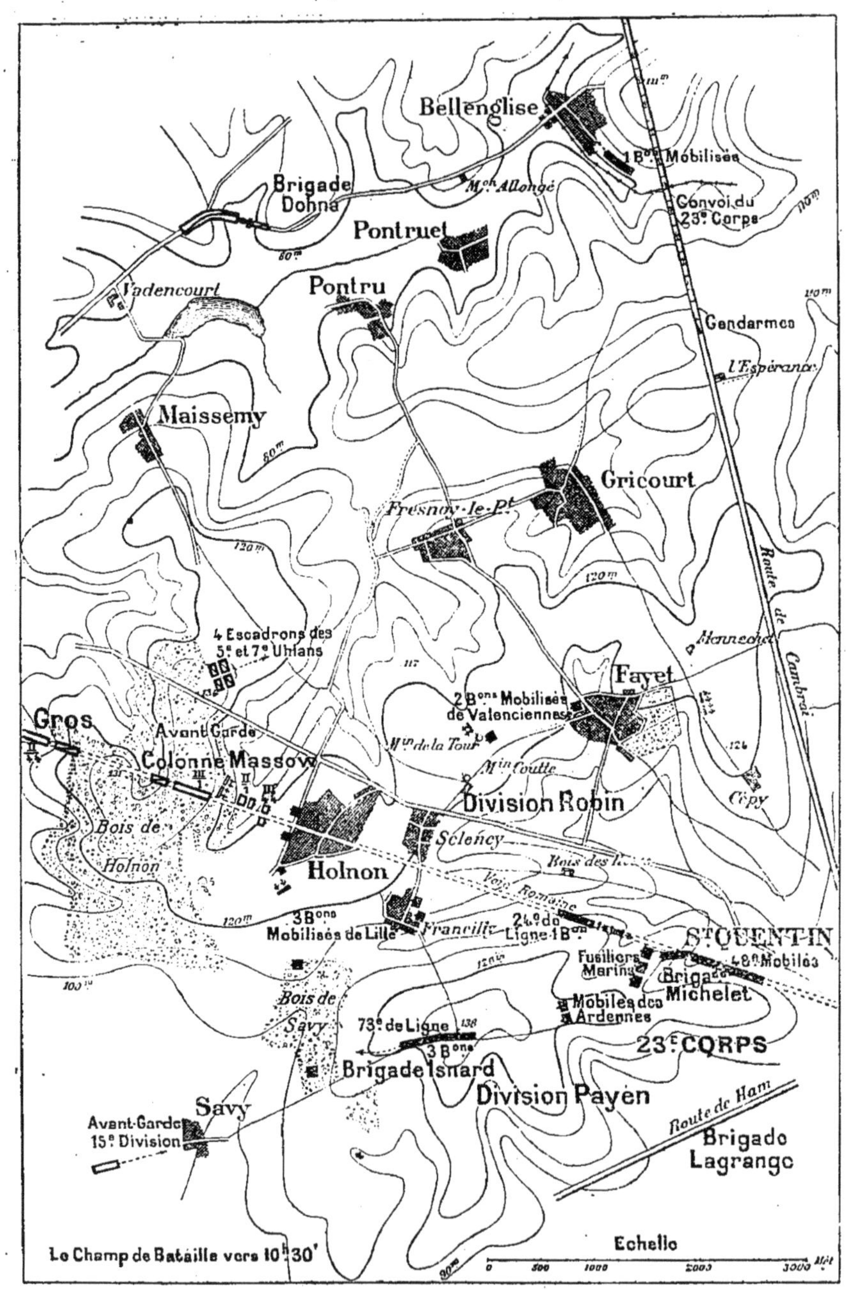

Bellenglise
1 B⁰ⁿ Mobilisée
Brigade Dohna
Convoi du 23ᵉ Corps
Mⁿ Allongé
Pontruet
Pontru
Vadencourt
Gendarmes
l'Espérance
Maissemy
Gricourt
Fresnoy-le-Pt
Menneeul
4 Escadrons des 5ᵉ et 7ᵉ Uhlans
Fayet
117
2 B⁰ⁿˢ Mobilisés de Valenciennes
Gros
Mⁿ de la Tour
Cépy
Avant-Garde
Colonne Massow
Mⁿ Foutte
Division Robin
Bois de Holnon
Sélency
Bois des l.
Holnon
Voie Romaine
3 B⁰ⁿˢ Mobilisés de Lille
Francilly
24ᵉ de Ligne 1 B⁰ⁿ
ST QUENTIN
Fusiliers Marins
48ᵉ Mobilés
Brigade Michelet
Mobiles des Ardennes
Bois de Savy
73ᵉ de Ligne 138
23ᵉ CORPS
3 B⁰ⁿˢ
Brigade Isnard
Division Payen
Route de Ham
Savy
Avant-Garde 15ᵉ Division
Brigade Lagrange
Le Champ de Bataille vers 10ʰ 30'
Echelle
0   500   1000   2000   3000 Mèt
Route de Cambrai

Il fallait donc, pour se conformer aux instructions du général en chef :

1° Aborder l'ennemi de front pour le rejeter sur Saint-Quentin, en se reliant au sud avec la 15ᵉ division, c'est-à-dire pousser par Holnon, Selency et Francilly sur la voie romaine ;

2° Essayer de le déborder au nord pour appuyer la cavalerie Dohna qui, réduite à sept escadrons, sans infanterie et presque sans artillerie, n'était réellement pas en état de remplir convenablement sa mission. De ce côté, la direction sur Fayet était tout indiquée.

Le général Grœben paraît avoir adopté les mesures suivantes :

L'avant-garde attaquera par la voie romaine ; elle tiendra solidement Holnon et Selency, et attendra, avant de pousser plus avant, que la 15ᵉ division soit parvenue à sa hauteur.

Le gros marchera par Holnon sur Fayet.

Vers 10 h. 1/2, la préparation par l'artillerie étant jugée suffisante, le $\dfrac{\text{III}}{44}$, renforcé par deux compagnies du 1ᵉʳ régiment, marche sur Holnon.

L'ennemi évacue rapidement le village, et les compagnies de première ligne $\left(\dfrac{10^e, 11^e}{44}, \dfrac{7^e, 8^e}{1} \right)$ le poursuivent jusqu'à Selency qu'elles occupent.

Par Selency, on tenait la tête du plateau s'étendant vers Fayet, il fallait donc s'y maintenir à tout prix ; pour y conserver l'unité de direction et éviter le mélange des compagnies, les $\dfrac{5^e, 6^o}{1}$ sont envoyées rejoindre les 7° et 8ᵉ compagnies, tandis que les $\dfrac{10^e, 11^o}{44}$ rétrogradent sur Holnon où elles retrouvent les deux autres compagnies de leur bataillon.

Pendant ce temps, le reste de l'avant-garde se massait sur la lisière est de Holnon, avec la 5ᵉ batterie lourde ; la batterie à cheval prenait position au nord du village et canonnait, à 1500 mètres, les troupes françaises du moulin de la Tour.

Peu après 11 heures, les quatre pièces de la batterie à cheval étaient renforcées par les 4e et 6e batteries légères qui, doublant les colonnes, ont pris les devants.

Action contre le moulin de la Tour. — Vers 11 h. 1/2, la tête du gros $\left(\dfrac{\text{II}}{44}\right)$ débouchait de la sortie nord-est de Holnon. Les $\dfrac{2^e, 4^e}{14^e\,\text{uh.}}$ allaient vers le Nord rejoindre le $\dfrac{2^e}{7^e\,\text{uh.}}$.

Le canon grondait alors sur le front de la 15e division et une violente fusillade crépitait dans les bois de Savy.

Escomptant d'avance les succès de la 15e division, le colonel Massow voulut, sans plus tarder, se porter à l'attaque du moulin de la Tour. Il ne disposait encore, à ce moment, que de deux bataillons du 44e (II et I); le 4e régiment, queue de la colonne, sans doute retardé par des difficultés de marche, n'avait pas encore atteint Holnon.

Le colonel désigne, pour cette opération, les $\dfrac{\text{II}}{44}$, $\dfrac{1^{re}, 2^e}{44}$ — la 4e compagnie restait à l'entrée du village probablement comme soutien d'artillerie; la 3e était de garde aux bagages — le bataillon du 1er régiment, à Selency, est invité à faciliter de son mieux l'attaque du gros.

Peu après 11 h. 1/2, le $\dfrac{\text{II}}{44}$ tout entier déployé, les $\dfrac{1^{re}, 2^e}{44}$ en réserve, se portent sur le moulin de la Tour ; la $\dfrac{6^e}{1}$, sortant de Selency, marche sur le moulin Coutte.

Le bataillon de mobilisés, dont la batterie de montagne a depuis longtemps cessé son feu, se replie au plus vite, partie sur Fayet, partie dans le vallon au Sud.

Les six compagnies du 44e prennent pied sur la hauteur du moulin; elles y sont accueillies par un feu violent d'infanterie partant des premières maisons et de l'église de Fayet, situées sur un mamelon formant avancée, en même temps que des batteries françaises établies à 2,200 mètres dans l'Est (sud-est du parc), les canonnent avec vigueur.

Toute l'artillerie du détachement est aussitôt appelée, et les vingt-huit pièces entrent en action au nord du moulin Coutte ; il était midi.

Pendant cette opération, le bataillon du 1er régiment, à Selency, pressé sur son front par des troupes assez nombreuses et canonné à courte distance par une batterie établie sur la voie romaine, exécutait une sortie avec deux compagnies ; l'arrivée des mobilisés qui évacuaient le moulin de la Tour inquiétait suffisamment ces dernières pour les obliger à rentrer dans le village ; elles ramenaient un canon pris.

Le 4e régiment arrivait enfin à Holnon ; son premier bataillon $\left(\dfrac{I}{4}\right)$, qui s'établissait en réserve du gros, à la sortie nord-est du village, était dirigé sur Selency pour renforcer la garnison $\left(\dfrac{II}{1}\right)$; la $\dfrac{4^e}{44}$ qui, décidément avait un certain penchant pour la manœuvre individuelle, suivait le mouvement, de sorte que, Selency, où l'on avait voulu, dès le début, éviter le mélange des unités, se trouvait occupé par huit compagnies des trois régiments.

En résumé, vers midi, le détachement Massow était ainsi disposé :

L'ancienne avant-garde à Holnon, $\dfrac{III}{44}$, $\dfrac{III}{1}$, et Selency $\dfrac{II}{1}$;

Six compagnies du gros, arrêtées devant Fayet ;

Le bataillon qui devait former la réserve de cette première ligne, distrait de sa mission, a été envoyé à Selency $\left(\dfrac{I}{4}\right)$;

Le reste du gros $\left(\dfrac{II,\ III}{4}\right)$ arrive à Holnon ;

L'artillerie est au moulin Coutte ; les trois escadrons flanquent à gauche.

Cette fâcheuse disposition : trop grand éloignement des réserves $\left(\dfrac{II,\ III}{4}\right)$, ne permettait pas, pour l'instant, de tenter quelque chose de sérieux sur Fayet ; l'artillerie allemande continuait donc seule le combat, tirant sur le village et sur les batteries françaises du plateau de Cépy.

Des tirailleurs français enhardis par l'inaction de l'infanterie prussienne, sortaient bientôt de Fayet et, profitant des abris que le terrain broussailleux présentait aux abords du moulin Coutte, venaient s'embusquer à bonne portée des batteries allemandes.

Vers midi 1/2, ces dernières, dont les pertes commençaient à devenir sérieuses et « les munitions venant à faire défaut », dit la *Relation officielle*, abandonnaient leur position et venaient derrière Holnon attendre leur réapprovisionnement.

Prise de Fayet. — Pour masquer ce mouvement, ou plutôt pour en atténuer les effets, le major Bock, commandant du gros, faisait aussitôt porter les six compagnies du moulin de la Tour en avant ; à l'extrémité du plateau, à 300 mètres des premières maisons, la ligne s'arrête et exécute un feu rapide ; l'apparition, sur la route de Fresnoy, des escadrons Dohna, jette la panique dans les bataillons de mobilisés, qui abandonnent le village. Le major Bock, continuant sa marche, entre dans Fayet à 1 heure, mais ses troupes ne peuvent parvenir à déloger du château et du parc les quelques compagnies qui s'y sont retranchées.

Cette offensive du major Bock le mettait à plus de 2,000 mètres des troupes appelées à lui servir de réserve, $\dfrac{\text{II, III}}{4}$. Ces dernières, arrivées dans les rues de Holnon, ne parvenaient pas à en déboucher, arrêtées qu'elles étaient sans doute, par la longue colonne d'artillerie qui revenait du moulin de la Tour.

D'ailleurs, à ce moment même, sur la droite, la situation prenait un certain air de gravité ; aussi le général Grœben interrompait-il tout mouvement sur Fayet et se contentait d'envoyer au major Bock les deux batteries lourdes réapprovisionnées.

Depuis 11 heures, l'avant-garde du détachement était installée à Holnon et Selency ; à midi, renforcée par l'arrivée dans ce dernier village des $\dfrac{\text{I}}{4}$ et $\dfrac{4^{e}}{44}$, elle n'avait cependant rien tenté contre Francilly et laissait la 15e division user ses forces dans les bois de Savy. Cette inaction, à notre avis, fut grosse de conséquences, et c'est à elle qu'il faut attribuer le peu de résultats obtenus par le détachement Grœben dans cette journée.

Vers 1 h. 1/2, au moment où le fracas de la bataille allait grandissant au delà des bois de Savy, vers la route de Ham, — offensive de la brigade Lagrange, d'une part; entrée en ligne de l'artillerie de corps du VIII⁰ corps, d'autre part, — on put voir de Selency, à 2,500 mètres dans l'Est, des troupes françaises, en réserve au sud de la voie romaine, faire à droite et marcher vers le Nord. Cachées un instant par le mamelon de la ferme de Bois-des-Roses, elles apparurent de nouveau marchant dans deux directions : sur Fayet et sur le moulin Coutte (brigade Michelet, fusiliers marins et 48⁰ mobiles).

Le général de Gayl, envoyé de Rouen pour prendre le commandement de l'infanterie du détachement Grœben en remplacement du général Memerty, arrivait un peu avant 2 heures à Holnon. Après un rapide examen des faits, il se décide à prendre le commandement des troupes de Holnon et de Selency et à laisser au colonel Massow la direction des compagnies engagées dans Fayet.

Le danger le plus immédiat est au nord-est de Selency; la $\dfrac{6^e}{1}$ vient d'être obligée d'évacuer le moulin Coutte.

Le général de Gayl envoie au commandant des troupes réunies à Selency l'ordre de dégager, avec une partie de ses forces, les abords nord-est du village et de venir en aide aux compagnies du 44⁰ menacées dans Fayet; avec le reste de se préparer à attaquer Francilly.

A Holnon, les bataillons disponibles viennent prendre position à la lisière sud du village; le $\dfrac{II}{4}$ reste en réserve dans l'intérieur, et deux compagnies du $\dfrac{III}{4}$ demeurent à la garde des deux batteries légères qui n'ont pu encore compléter leurs munitions; la batterie à cheval se met en batterie au Sud et canonne Francilly.

Action contre la brigade Michelet et perte de Fayet. — Vers 2 heures, six compagnies des 1ᵉʳ, 4⁰ et 44⁰ régiments sortant de Selency se portent sur le flanc gauche d'une colonne française sur le point d'arriver au moulin Coutte; les compagnies prussiennes sont largement espacées et ne forment qu'une seule ligne : la compagnie de gauche marche sur le moulin Coutte, celle de droite sur la ferme du Bois-des-Roses.

Canonnée de front par les deux batteries lourdes restées au moulin de la Tour, prise en flanc par les compagnies sorties de Selency, la colonne s'arrête et ses tirailleurs entament la fusillade.

A ce moment, les compagnies du major Bock, chassées de Fayet par la seconde colonne française, venaient se reformer aux environs du moulin de la Tour.

Sous le feu combiné de ces douze compagnies et de ces deux batteries, les contingents français, menacés sur leur droite par des escadrons de la brigade Dohna dont quelques-uns essayent même une charge inutile sur le village de Fayet, sur leur gauche par le mouvement des $\frac{6^e, 7^e}{1}$ sur Bois-des-Roses, ne tardaient pas à se replier sur Fayet et sur les pentes au sud de ce village, 2 h. 1/2.

Le général de Gayl suivait attentivement, de Holnon, le combat qui se livrait au nord-est de Selency ; voyant les choses bien engagées de ce côté, il portait alors toute son attention sur Francillly.

Attaque de Francilly. — Entre 2 heures et 2 h. 1/2, il n'y avait plus dans Selency que trois compagnies $\left(\frac{5^e, 8^e}{1}, \frac{3^e}{4}\right)$; voulant faire aborder Francilly à la fois par le nord et l'ouest, le général renforce ces trois compagnies de deux autres prises à Holnon $\left(\frac{9^e, 11^e}{1}\right)$; à Holnon, les $\frac{10^e, 11^e}{4}$ se sont, depuis quelque temps déjà, engagées devant la face ouest de Francilly, afin de couvrir la batterie à cheval menacée par des fractions sorties du village.

Vers 2 h. 1/2, le signal de l'attaque est donné.

Quatre compagnies du 1er régiment, de Selency, huit compagnies des 1er, 4e et 44e régiments, de Holnon, exécutent sur Francilly une marche concentrique.

Les deux bataillons de mobilisés lillois qui défendent le village, vigoureusement commandés, résistent avec la dernière énergie; leur feu oblige la ligne prussienne à s'arrêter. Un bataillon (73e de marche) sortant de la lisière nord du bois de Savy, exécute une contre-attaque sur le flanc droit de l'assaillant.

Les $\frac{10^e, 11^e}{4}$ sont obligées de faire face à droite, et le $\frac{III}{44}$, qui suivait en réserve, dut se déployer en partie; l'arrivée sur le théâtre de la lutte d'une batterie de la 15e division permet aux compagnies prussiennes de reprendre leur mouvement. Le 73e de marche est rejeté sous bois; la batterie qui faisait de son mieux au sud de Francilly, désemparée, amène ses avant-trains; les mobilisés évacuent le village en flammes pour se replier dans la direction de la cote 138.

A 3 heures, les Allemands étaient maîtres de Francilly, les $\frac{III}{1}, \frac{III}{44}$ se rasemblaient et s'établissaient en réserve à l'ouest du village; mais, jusqu'à 4 heures, ils ne pourront que défendre leur conquête sans pouvoir pousser au delà; d'abord contre deux bataillons de mobiles des Ardennes venant de la cote 138, ensuite contre des fractions qui, évacuant les bois de Savy, cherchaient, pour effectuer leur retraite, à utiliser le vallon barré par les dernières maisons du village.

A 3 heures, le détachement Grœben était ainsi réparti :

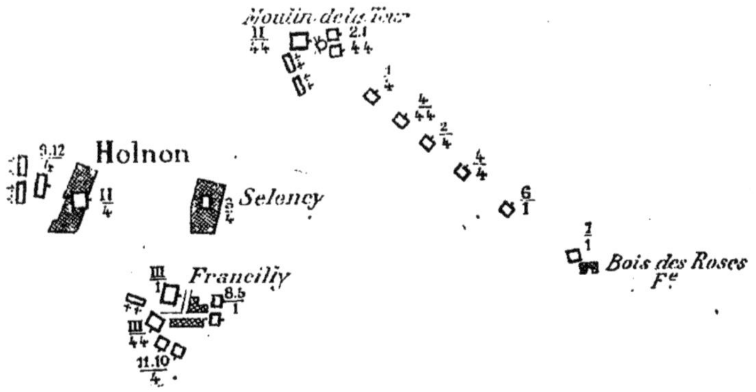

Soit : douze compagnies et deux batteries, du moulin de la Tour à la ferme du Bois-des-Roses, sur un front de 1700 mètres;

Douze compagnies et une batterie, à Francilly, à plus de 2,000 mètres de la ferme du Bois-des-Roses ;

Sept compagnies et deux batteries étaient au centre de ce dispositif.

Toute la cavalerie, quatorze escadrons, était réunie ou à peu près aux abords sud-ouest de Fresnoy.

Des huit bataillons du détachement, six étaient engagés ; la nuit était prochaine et l'on n'avait rempli qu'imparfaitement les intentions du général en chef.

On occupait, il est vrai, la ferme du Bois-des-Roses, à 3 kilomètres de Saint-Quentin, mais d'une façon si précaire qu'on y était à la merci du moindre retour offensif de l'ennemi.

On n'avait pas débordé la position française, loin de là ; c'était le détachement Grœben qui était menacé de l'être.

Il nous faut revenir en arrière et suivre rapidement les mouvements de la brigade Dohna.

Nous avons vu qu'à 8 heures du matin, la brigade, réduite à sept escadrons et à deux pièces d'artillerie, rompait de Fléchin, et par Vadencourt marchait sur Bellenglise. Retardée par le détestable état des chemins et par la nécessité de reconnaître les villages qu'elle laissait sur sa droite, elle mettait trois heures pour parcourir 11 kilomètres et arrivait devant Bellenglise à 11 heures du matin. Son avant-garde trouvait le pont du canal barricadé et signalait la présence de nombreuses troupes disposées dans les constructions le long du canal et en arrière sur la hauteur.

Le général Dohna s'en laissa imposer et battit en retraite.

Si ses patrouilles avaient fonctionné avec plus d'intelligence et d'audace, elles n'auraient pas tardé à lui apprendre que les troupes qui étaient en face formaient simplement l'escorte d'un convoi marchant sur Cambrai — un bataillon de mobilisés et un escadron de gendarmes — et dont les voitures étaient déjà en bas de la cote de la Baraque ;

Que le pont de la grande route, au sud de la Bergère, était libre, libre aussi tout le terrain entre ce pont et la ferme de l'Espérance.

Il eût suffi également d'une patrouille vers la chaussée romaine, sur la hauteur au sud-ouest de la ferme de Riqueval, pour découvrir une brigade française qui, à cette même heure, sortait de Bellicourt marchant au canon (brigade Pauly).

La brigade Dohna revint tranquillement à Vadencourt et de là à Fresnoy, dans les environs duquel elle retrouva les quatre escadrons de uhlans de la colonne Massow, vers 1 heure.

Un peu avant 2 heures, la brigade Pauly était signalée vers la ferme de l'Espérance ; à 3 heures, cette brigade, toute de mobilisés, sans artillerie, achevait son déploiement sur le plateau du moulin Mennechet et se portait hardiment en avant pour venir border le chemin creux de Fayet à Fresnoy. La cavalerie Dohna se repliait sur la cote 117.

Telle était la situation, lorsque vers 3 h. 1/2, la 15ᵉ division dégagée sur son flanc gauche par l'intervention du général de Gayl, à Francilly, et l'abandon presque complet des bois de Savy par les Français, et d'ailleurs au courant de la marche des événements au sud de Saint-Quentin, se préparait à aborder le plateau de la cote 138, dernière position de l'ennemi de ce côté de la ville.

Le général de Gayl était invité à faciliter cette opération en portant ses troupes en avant, parallèlement à la voie romaine.

Le général disposait des douze compagnies de Francilly, de la batterie à cheval et d'une batterie de la 15ᵉ division ; il laissait en réserve les sept compagnies de Holnon—Selency, prêtes à se porter à la rencontre de la brigade Pauly.

Il forme ses douze compagnies sur deux lignes, les fractions du 1ᵉʳ régiment à gauche : sept compagnies en première ligne, cinq en seconde ; l'artillerie, dans l'impossibilité de marcher à travers champs, suivait sur deux chemins de terre sortant de la lisière est du village.

Vers 4 heures, lorsque tonnent les 48 pièces de la 15ᵉ division établies à 1200 mètres à l'ouest de la cote 138, le détachement de Gayl se met en mouvement, en longeant d'abord le pied de la croupe qui porte la ferme du Bois-des-Roses.

On marche depuis un quart d'heure et la droite commence à gravir les premières pentes du plateau 138, lorsque la fusillade, qui a presque complètement cessé au nord de la voie romaine, reprend avec une nouvelle vigueur, puis on ne tarde pas à voir la compagnie qui occupait la ferme du Bois-des-

Roses l'évacuer en toute hâte, vivement poursuivie par des fusiliers marins.

Le général de Gayl arrête aussitôt sa colonne et fait converser les compagnies de gauche vers la voie romaine $\left(\dfrac{5^e, 8^e, III}{1} \right)$; l'apparition, à 500 mètres à l'ouest de la ferme, des six compagnies qui ouvrent un feu rapide, met un terme à la poursuite des Français.

Voici ce qui s'était passé : les préparatifs d'attaque de la 15ᵉ division n'avaient pas échappé à l'attention du général Michelet, établi sur la position dominante de Fayet ; il avait pu également se rendre compte depuis longtemps de la fragilité de la ligne ennemie qui lui était directement opposée ; en outre, les bonnes dispositions dans lesquelles paraissaient se trouver les bataillons de la brigade Pauly le rassuraient sur son flanc droit, débarrassé déjà de la présence des cavaliers prussiens.

Lorsque, à 4 heures, il vit les lignes allemandes s'ébranler et marcher sur la cote 138, il n'hésita pas à porter sa brigade en avant, dans la direction du Sud, non sans doute pour vaincre, mais pour retarder la défaite et faciliter aux débris des brigades Isnard et Lagrange leur rentrée dans Saint-Quentin.

La brigade Pauly marchait sur le moulin de la Tour.

En face de cette dernière, les deux batteries légères, enfin réapprovisionnées, sont revenues vers 3 heures prendre place à côté des deux batteries lourdes ; les deux pièces de la cavalerie Dohna sont toujours à la cote 117.

Soumis, dès le début de leur mouvement, au feu de ces vingt-six pièces, les mobilisés Pauly n'en continuent pas moins leur marche et ne s'arrêtent qu'arrivés sur l'alignement de l'église de Fayet ; la fusillade s'engage.

Le $\dfrac{II}{4}$ tout entier déployé se porte d'abord à la gauche des 1ʳᵉ et 2ᵉ compagnies, puis tente un mouvement enveloppant ; retardé par des difficultés de terrain, le bataillon n'avance qu'avec peine ; les mobilisés, d'ailleurs, faisant bonne contenance, le bataillon est bientôt rappelé.

Le $\dfrac{\text{II}}{4}$, venu de Holnon, arrivait à ce moment et s'établissait en réserve près de l'artillerie.

A droite, les compagnies postées aux abords de la nouvelle route ont dû céder devant la vigoureuse attaque des fusiliers marins et du 48e mobiles; la ferme du Bois-des-Roses est perdue; l'intervention des compagnies du 1er régiment (colonne Gayl) rétablit le combat à l'avantage des Allemands.

Vers 4 h. 1/2, la brigade Michelet se repliait sur le chemin Fayet—Saint-Quentin.

A la même heure, les six compagnies restantes de la colonne de Gayl, qui avaient repris leur mouvement vers l'Est, au sud de la voie romaine, poussant devant elles des mobiles débandés, arrivaient en vue du faubourg Saint-Martin.

La nuit était complètement tombée, le général arrêtait le détachement et laissait à la 15e division, déjà à la barricade du faubourg, le soin de poursuivre l'ennemi en retraite.

Le général Grœben avait pris la direction du combat au nord de la voie romaine et faisait, à la suite de la retraite de la brigade Michelet, réoccuper Bois-des-Roses par un bataillon $\left(\dfrac{\text{III}}{1}\right)$.

Vers 5 heures, dix-huit compagnies étaient déployées du moulin de la Tour au Bois-des-Roses, soutenues par un bataillon frais $\left(\dfrac{\text{II}}{4}\right)$, quatorze escadrons et vingt-six canons.

Cette ligne puissante avait en face d'elle : cinq bataillons de mobilisés dont la solidité n'était certainement pas à l'épreuve d'une attaque vigoureusement conduite, et les débris de quatre bataillons de mobiles ou marins sur lesquels « l'action dissolvante du combat », pour parler comme le général en chef, avait déjà produit son effet; action dissolvante encore accrue par le bruit que devaient faire, à moins de 2 kilomètres, les premières colonnes du 23e corps, en retraite sur la route de Cambrai.

Il était encore temps, pour le détachement Grœben, de réparer les hésitations du début de la journée, de donner le grand coup de filet qui devait faire disparaître la dernière armée française du Nord.

On ne peut dire, à son excuse, que le général Grœben ignorait le succès de l'aile droite ; le canon qui grondait aux portes mêmes de la ville, la fusillade qui retentissait dans Saint-Quentin devaient le renseigner à ce sujet.

Jusqu'à 6 heures, le général Grœben se contentera de canonner Fayet et, lorsque l'infanterie se portera en avant sur le village en flammes, elle n'y trouvera plus que quelques traînards ; les bataillons Pauly et Michelet s'étaient retirés depuis longtemps à la faveur de l'obscurité et avaient pris la route de Cambrai.

Le général Grœben, sans pousser plus loin, laissait sa cavalerie aller prendre ses cantonnements à Maissemy et répartissait son infanterie dans les villages de Fayet, Holnon et Selency.

Le 4e régiment avait perdu : 4 officiers, 165 hommes.

Le 44e régiment : 6 officiers, 206 hommes.

Les quatre batteries de la colonne Massow : 3 officiers, 27 hommes, 26 chevaux.

Les pertes de la cavalerie étaient insignifiantes.

OBSERVATIONS.

Combat de la brigade.

Commandement. — Dans la nuit du 18 au 19 janvier, le général Grœben recevait à Pœuilly l'ordre de faire marcher son infanterie par Vermand ; sa cavalerie, plus au nord, devait essayer d'atteindre la route de Cambrai.

Le détachement Grœben, formé de troupes de toutes armes, tirait sa principale force de la 3e brigade d'infanterie entrant tout entière dans sa composition ; la marche du combat dans la 3e brigade se lie, par conséquent, très intimement à la marche du combat du détachement entier.

Nous examinerons donc, dans cette journée, la conduite du général Grœben pour l'ensemble, du colonel Massow pour la colonne principale, du général Dohna pour la colonne latérale ; peut-être devrons-nous également mettre en scène le général de Gayl pour les opérations de l'après-midi.

Général Grœben. — Le général Grœben, avec ses huit bataillons, ses quatorze escadrons et ses cinq batteries, avait pour mission de refouler sur Saint-Quentin un ennemi déjà éprouvé par les fatigues et les privations — l'aspect des prisonniers faits à Pœuilly ne pouvait laisser aucun doute à ce sujet — et d'essayer de le déborder par le Nord avec sa cavalerie.

Les mouvements de cette dernière étaient limités, ou à peu près, aux chemins et aux routes ; les terres, couvertes d'une boue liquide, lui interdisant les évolutions rapides.

L'itinéraire de la colonne principale était indiqué dans l'ordre du commandant de l'aile gauche : Vermand et la voie romaine.

Pour la cavalerie, on avait le choix entre deux routes :

Soyécourt—Vadencourt—Bellenglise,
Ou Vermand—Fresnoy—Griscourt.

La première était séparée de la voie romaine par la vallée marécageuse de l'Omignon et ne permettait d'atteindre la route de Cambrai qu'après avoir traversé le canal à Bellenglise ; cette route, par contre, permettait d'évoluer hors des vues de l'ennemi.

La seconde, plus courte, évitait le défilé sur le canal, mais passait à moins de 2,500 mètres de Fayet où, vraisemblablement, se trouveraient des postes ennemis ; la proximité du gros du détachement qui devait déboucher à Holnon enlevait toute valeur à cet inconvénient.

Le général Grœben se décida pour la plus sûre, mais la moins féconde en résultats, pour la première, et, comme pour diminuer la force de cette cavalerie qu'il envoyait sur Bellenglise, où une simple section d'infanterie pouvait l'arrêter au pont du canal, il lui enlevait près de la moitié de ses escadrons, presque toute son artillerie et ne lui donnait aucun fantassin.

La colonne Massow était renforcée de tout ce que perdait la brigade Dohna. Les circonstances justifiaient-elles une pareille augmentation de la colonne principale ? Nous ne le croyons pas.

La colonne Massow comptait déjà trois escadrons ; c'était suffisant pour éclairer sur le front et couvrir sur le flanc extérieur, puisque l'on marchait au combat.

Quant à l'artillerie, il est vrai que les quatre batteries du détachement avaient fortement entamé leurs munitions dans la journée du 18 ; dans l'impossibilité où l'on se trouvait d'en effectuer le ravitaillement, le général Grœben enlevait quatre des six pièces de la batterie à cheval qui, elle, avait son approvisionnement presque au complet. Mais on devait à la brigade Dohna une compensation en infanterie. Cette brigade, réduite à sept escadrons et deux pièces, était vouée à l'impuissance.

Le général Grœben marchait avec la colonne principale (Massow).

Devant Holnon, vers 10 h. 1/2, la reconnaissance rapide des positions adverses lui suggérait l'idée de déborder l'ennemi par Fayet avec le gros (cinq bataillons), pendant que l'avant-garde pousserait, de concert avec la 15ᵉ division, sur la voie romaine.

Le mouvement était judicieux, mais il demandait beaucoup d'activité de la part de l'avant-garde.

Le général eut le tort de ne pas assez s'inquiéter de l'inaction de cette dernière fraction devant Francilly, et, quand il intervint, ce ne fut que pour arrêter le mouvement entamé sur Fayet, renonçant ainsi d'un seul coup aux avantages que ce mouvement lui préparait.

A partir de ce moment, l'influence du général Grœben ne se fit plus sentir sur la marche de l'action avant 5 heures du soir.

Il aurait pu, à ce moment encore, avec un peu plus d'activité, pousser toute sa ligne victorieuse sur Fayet et au delà.

Il n'en fut rien ; il eut recours au procédé classique : la préparation par l'artillerie, alors que c'était le cas ou jamais de s'en passer.

Colonel Massow. — Le colonel Massow, commandant la colonne principale, avait à sa disposition huit bataillons, sept escadrons, cinq batteries, et devait marcher par la voie romaine.

Avec un ennemi tel que celui que l'on avait en face de soi, il fallait s'attendre à tout : soit à le trouver défendant les ponts de l'Omignon, soit, plus naturellement encore, occupant la lisière occidentale des bois de Holnon.

La présence d'une nombreuse cavalerie à l'avant-garde était donc inutile ; elle était même nuisible, en ce sens que, hors des routes, cette cavalerie ne pouvait se mouvoir que difficilement.

C'est pourquoi nous avons supposé que le colonel Massow, sur les cinq escadrons de sa tête d'avant-garde, n'en avait conservé qu'un seul pour le service de sécurité immédiate et avait, dès Vermand, dirigé les quatre autres par la nouvelle route de Saint-Quentin ; cette supposition concorde assez avec le plan de la bataille de Saint-Quentin du grand état-major, où l'on voit, à 2 heures du soir, ces quatre escadrons complètement au Nord, au delà même de la brigade Dohna, revenue de Bellenglise.

L'action contre Holnon fut, sans doute, dirigée par le commandant de l'avant-garde ; nous n'avons pas à nous en occuper.

C'est un peu avant 11 heures que le colonel Massow dut être informé des résolutions adoptées par le général Grœben : avant-garde à Holnon et Selency, puis sur la voie romaine ; le gros sur Fayet.

Ce n'était pas compliqué, chacun des éléments de la colonne était assez fortement constitué pour remplir convenablement sa mission.

Le colonel Massow fait d'abord appeler deux des trois batteries du gros et les envoie rejoindre la batterie à cheval en action au nord de Holnon ; puis après une canonnade de trois quarts d'heure, lorsque la tête débouche à la sortie nord-est du village, la marche sur le moulin de la Tour est entamée.

Que fallait-il faire à ce moment pour donner l'indépendance d'action nécessaire aux deux éléments : avant-garde et gros ?

Il fallait tout d'abord rendre à l'avant-garde sa batterie à cheval et diriger le 4e régiment à la suite du gros.

Le colonel fit tout le contraire : non seulement il laisse la batterie à cheval accompagner le gros sur Fayet, mais bientôt il y dirige également la deuxième et dernière batterie de l'avant-garde, qui se trouve ainsi sans artillerie ; par contre, alors que les compagnies du gros sont arrivées au moulin de la Tour, le bataillon du 4e régiment qui devait les soutenir est dirigé sur Selency où sa présence ne se faisait nullement sentir.

Le colonel Massow, en laissant des éléments du gros se fondre dans l'engagement de l'avant-garde, se mettait dans l'impossibilité d'assurer le succès rapide du mouvement sur Fayet; en enlevant à l'avant-garde toute son artillerie, il la mettait dans un état d'infériorité que ne pouvait racheter l'envoi d'un bataillon tiré du gros.

L'inaction de l'avant-garde, vis-à-vis de Francilly, ne peut s'expliquer que par deux raisons : le manque d'artillerie ou l'absence de commandement.

Le manque d'artillerie, nous venons d'en voir les motifs.

Quant à l'absence de commandement, nous nous sommes fait le raisonnement suivant : l'avant-garde, à Vermand, était commandée par le lieutenant-colonel de Pestel, du 7e uhlans; or la Relation allemande, qui cite d'une façon peut-être surabondante tous les noms des chefs de groupes pour les moindres mouvements exécutés, est muette sur le nom du colonel de Pestel, qui se trouve relégué aux tableaux annexes.

Faut-il en conclure que le lieutenant-colonel fût au-dessous de sa mission ou qu'il accompagna les quatre escadrons détachés à gauche? Les deux cas sont admissibles.

Quoi qu'il en soit, il y avait dès 11 heures, vis-à-vis de Francilly, trois bataillons : trois bataillons non engagés la veille, par conséquent en pleine possession de leur vigueur; en face : Francilly avait comme garnison deux bataillons de mobilisés, arrivés dans la nuit, éreintés par leur marche et leur déploiement à travers champs, auprès de Vendelles (combat de Pœuilly); vers 11 h. 1/2, la fusillade éclatait à 1500 mètres dans le Sud, annonçant l'entrée en ligne de la 15e division vers les bois de Savy; c'était pour l'avant-garde de la colonne Massow une belle occasion de venir en aide aux camarades du VIIIe corps.

Francilly enlevé à midi, c'était la retraite obligée des troupes françaises du bois de Savy et la marche sur Saint-Quentin, de concert avec la 15e division, entreprise dès 1 heure;

C'était surtout la libre disposition du 4e régiment, laissée au commandant du gros, la marche sur Fayet et la route de Cambrai assurées.

Francilly ne fut attaqué que vers 2 h. 1/2, lorsque le général de Gayl eut pris le commandement.

Général de Gayl. — Le général de Gayl, arrivé de **Ham** à francs étriers pour prendre le commandement de l'infanterie du détachement, trouvait vers 1 h. 1/2 cette infanterie dans une situation assez inextricable.

Quatre bataillons des trois régiments entassés dans les jardins sud et est des villages de Holnon et de Selency ; six compagnies à Fayet ; deux bataillons dans la grande rue de Holnon ne sachant s'il fallait marcher sur Fayet ou rester sur place ; deux batteries en action vers le moulin de la Tour, les trois autres se hâtant de compléter leurs munitions à l'ouest de Holnon.

Du projet du général Grœben, il ne restait de trace que les six compagnies engagées dans Fayet, à 2,000 mètres de tout secours.

Avant-garde et gros, confondus aux abords de la voie romaine, n'avaient pas encore fait un pas pour entraver l'offensive de la brigade Michelet.

Quant à la situation du combat à la 15e division, le général avait pu être témoin, pendant sa course, de la résistance acharnée que cette division trouvait devant elle.

Ses résolutions furent vite prises : le colonel Massow ira prendre le commandement des six compagnies de Fayet, le général se réservant la direction du combat sur la voie romaine ; puis il prend l'offensive : 1º contre la brigage Michelet ; 2º contre Francilly.

Les forces dont on disposait, six bataillons, permettaient d'exécuter ces deux attaques presque simultanément ; à 2 h. 1/2, six compagnies développées sur un front de 1400 mètres avaient, de concert avec les troupes du moulin de la Tour, déblayé toute la région au nord-est de Selency.

A 3 heures, Francilly était conquis, mais l'infanterie se trouvait séparée en deux groupes distants de 2 kilomètres.

A 4 heures, le général prenait le commandement direct des troupes de Francilly et marchait sur Saint-Quentin.

Général Dohna. — La brigade de cavalerie Dohna, réduite à sept escadrons et deux pièces, ne pouvait dans ces conditions exécuter de bien grandes prouesses.

Nous la prendrons à son arrivée devant le pont du canal, à Bellenglise.

Que les troupes françaises occupant la rive opposée fissent partie de l'escorte d'un convoi ou fussent spécialement chargées de la garde du pont, la cavalerie Dohna, ne disposant d'aucun fantassin était, dans les deux cas, dans l'impossibilité de conquérir le passage de haute lutte.

Le général le reconnut et, considérant sa mission terminée, se replia.

Avant d'examiner ce qu'il aurait pu faire, il faut se demander si d'autres circonstances ne l'obligeaient pas à une retraite immédiate.

A ce moment, 11 heures du matin, la route de Cambrai, au sud du canal, était libre ; à 5 kilomètres dans le Nord, la brigade Pauly rompait de Bellicourt et, par la grande route, descendait sur Saint-Quentin.

Si la brigade Dohna avait eu connaissance de ce dernier mouvement, nul doute qu'elle ne fût restée en position devant le pont du canal, car ses deux pièces pouvaient, à moins de 2,000 mètres, canonner la colonne Pauly à son passage à la cote 111, sans être gênées en rien par le feu des défenseurs du pont.

C'était, dans ce cas, pour la cavalerie prussienne, qui ne pouvait aborder la route elle-même, le seul moyen de remplir en partie sa mission : retarder l'arrivée de tout secours ennemi sur le champ de bataille.

La brigade Dohna s'étant repliée sans combat jusqu'à Maissemy puis Fresnoy, il est permis d'admettre qu'elle ignorait l'approche de la colonne Pauly. Conclusion : cette cavalerie s'est retirée librement et nous pouvons examiner ce qui lui était possible de faire.

Le général Dohna ne pouvant prendre pied sur la route de Cambrai, devait au moins essayer d'en interdire la circulation à l'ennemi.

De l'endroit où il était arrêté, vers la maison Allongé, il pouvait voir cette route de Cambrai franchir le canal et entrer dans cette espèce de tête de pont que cette ligne d'eau formait à l'ouest de la route et de la cote 111.

Que quelques cavaliers, soutenus par un ou deux escadrons passant par Pontruet, allassent déposer quelques sacs de poudre au pont de la Bergère, c'était remplir et au delà les intentions du général en chef. Ses deux pièces, sans sortir du chemin, pouvaient, de la maison Allongé, à 2,000 mètres, favoriser l'opération et empêcher plus tard le rétablissement du pont.

En supposant la brigade Pauly signalée à sa sortie de Bellicourt, la destruction du pont de la Bergère s'imposait encore davantage ; il fallait 30 minutes pour cette opération, il fallait plus d'une heure aux mobilisés pour atteindre le canal.

Le général Dohna pouvait encore, au lieu d'un détachement, diriger sa colonne tout entière par Pontruet, aux abords de la ferme de l'Espérance, opération qui n'excluait nullement celle de la destruction du pont ; peut-être y renonça-t-il en raison du détestable état des chemins, mais nous sommes persuadé que cette considération n'eût pas arrêté certains chefs de la cavalerie allemande.

Résumons l'action des différents commandements :

Le commandant du détachement, général Grœben, donne à sa cavalerie l'ordre d'atteindre la route de Cambrai, mais ne lui fournit pas les moyens nécessaires pour accomplir sa mission.

A la colonne principale, après la reconnaissance du terrain, le général Grœben se décide à laisser son avant-garde s'engager sur le front, pendant que le gros débordera l'ennemi à gauche ; plus tard, il arrêtera le mouvement du gros et emploiera toutes ses réserves à pousser l'avant-garde.

Le colonel Massow, commandant la colonne principale, dispose, pour l'attaque de l'avant-garde, des premières réserves du gros, et, pour celle du gros, des batteries de l'avant-garde. Cette dernière se croit alors dans l'obligation de ne rien tenter en face d'elle ; de cette inaction résultent le retard dans la marche de la 15e division placée à droite et l'abandon du mouvement sur Fayet, à gauche.

Le général de Gayl, à son arrivée, secoue la torpeur de l'avant-garde figée devant Francilly et prend l'offensive dans deux directions divergentes ; la direction de ces deux attaques crée un vide entre les fractions du détachement, et le général de Gayl est obligé de renoncer à diriger l'ensemble.

L'action du général Dohna ne se fit nullement sentir sur la marche des événements.

En somme, privée de ses chefs naturels (général de brigade et les deux colonels), placée sous les ordres d'un général de cavalerie dont les succès précédents étaient plus que problématiques ;

Commandée par un colonel mis subitement, et dans des circonstances difficiles, à la tête de huit bataillons, trois escadrons et cinq batteries ;

Mal secondée par la cavalerie, la 3e brigade est loin de donner tout ce qu'on pouvait attendre d'elle.

L'action bien engagée dégénère en combats partiels, décousus, hésitants, dans un tel mélange d'unités que toute direction est supprimée.

L'arrivée du général de Gayl imprimait, mais trop tard, une nouvelle vigueur au combat.

Combat des petites unités.

Aussi n'est-ce pas dans les combats échappant à toute analyse, de la journée du 19, que nous choisirons un sujet d'étude ; la veille, au contraire, le combat du 4e régiment, à Pœuilly, paraît devoir attirer particulièrement l'attention.

Le 4e régiment, avant-garde du détachement Grœben au départ de Cléry-sur-Somme, parvenait, vers 2 heures du soir, au carrefour d'Estrées-en-Chaussée, et son bataillon de tête (1er bataillon) était aussitôt dirigé sur la ferme de Cauvigny pour dégager la gauche de la 15e division menacée par le 23e corps français.

Quelques instants après, il devint visible que l'origine de l'offensive française était Vermand ; pour l'entraver il n'y avait qu'à s'engager sur la voie romaine.

Le colonel de Tietzen étant indisponible pour cause de maladie, c'est le général Memerty qui paraît avoir dirigé le combat du 4e régiment ; il mettait l'avant-garde en marche vers l'Est et rappelait son 1er bataillon ; la 1re compagnie seule resta engagée vers Caulaincourt toute la journée.

La cavalerie de pointe signalait bientôt la présence de forces ennemies aux abords de Pœuilly. Les quatre batteries du détachement, lequel avait serré sur son avant-garde au carrefour d'Estrées, prennent position au sud de Vraignes, et à 2 h. 1/2 lancent leurs premiers obus sur le village ; les deux escadrons de l'avant-garde tournent à gauche au fond de la vallée et s'élèvent dans le ravin qui tourne Pœuilly au Nord-Ouest.

Le 4e régiment de nouveau au complet, engagé sur la voie romaine en colonne de route, remonte les pentes ouest du plateau de Pœuilly et prend ses dispositions pour aborder l'ennemi.

Ce dernier (deux bataillons) venu de Soyécourt ou de Fléchin, ne paraissait encore occuper que la partie supérieure du village. Pœuilly, construit sur le revers oriental des pentes, à 500 mètres de la chaussée, ne communique avec cette dernière que par une longue rue assez escarpée.

En se prolongeant le long de la voie romaine on pouvait donc : arrêter d'abord tout mouvement des Français sur Caulaincourt, menacer la ligne de retraite du défenseur de Pœuilly, et, enfin, c'était le chemin le plus direct pour aborder le plateau de Vermand, objectif de la colonne.

Le général Memerty adopta des dispositions qui, dangereuses vis-à-vis de troupes solides, réussirent parfaitement contre nos jeunes bataillons.

Elles furent, d'après nous, en partie dictées : 1º par l'état des terrains en dehors des routes, état interdisant d'une façon absolue toute marche tant soit peu rapide ; 2º par la nécessité pour le 4e régiment d'arriver promptement sur le plateau de Vermand.

Ces dispositions furent les suivantes :

Les quatre batteries, venues de leur emplacement de Vraignes, prirent position à 1200 mètres de Pœuilly et continuèrent à canonner le village ;

Le bataillon de tête du 4e régiment, encore en colonne de route, appuyant à gauche, commença un déploiement laborieux dans la boue liquide qui recouvrait la campagne ; la direction était sur la face nord-ouest du village ;

Les deux escadrons engagés dans le ravin, continuèrent de

façon à gagner d'abord le chemin Pœuilly—Fléchin, le ravin de Soyécourt ensuite.

Peu après 3 heures, le bataillon de première ligne se trouvait à 500 mètres de Pœuilly et entamait la fusillade.

A ce moment, les deux autres bataillons s'ébranlaient et marchaient en colonne de route sur la voie romaine, probablement couverts par une nouvelle avant-garde.

De l'aveu même des défenseurs de la partie haute de Pœuilly, ce fut avec une profonde stupéfaction qu'ils virent « des bataillons prussiens suivre la chaussée, en colonne de route, tout comme si nous n'existions pas ».

Dans la partie supérieure du village, le combat continuait acharné, et le bataillon du 4ᵉ n'avançait qu'avec peine ; une batterie portée en avant, pour accélérer le dénouement, arrivait jusque sur la gauche des compagnies de première ligne à moins de 500 mètres de la lisière ; elle ne put se mettre en batterie et fut obligée de rétrograder, laissant le quart de son effectif sur le terrain.

Cette énergique résistance cessa au moment où la tête de la colonne, suivant la voie romaine, eut dépassé les dernières maisons, à peine défendues, de Pœuilly.

Chasseurs à pied et mobiles se replièrent par le chemin de Soyécourt ; surpris dans le ravin de ce nom par l'apparition inopinée des deux escadrons de uhlans, une bonne partie fut sabrée ; quelques fractions s'étant ressaisies et faisant bonne contenance, la cavalerie ne tardait pas à faire demi-tour et à disparaître.

A 3 h. 1/2, les deux bataillons, qui n'avaient eu qu'à refouler quelques groupes de mobiles embusqués dans les maisons basses de Pœuilly, prenaient pied sur les pentes occidentales du plateau de Vermand.

Se déployant en partie en face des troupes françaises en position à 1 kilomètre à l'ouest de la ville, le 4ᵉ régiment bordait le chemin Soyécourt—Caulaincourt.

La 15ᵉ division, qui venait d'enlever Caulaincourt, se portait en avant sur Vermand ; le 4ᵉ régiment l'imitait aussitôt.

La fusillade ennemie devint bientôt telle que toute la ligne dut s'arrêter et alors entama, à 600 mètres, un long combat de mousqueterie, qui ne cessa qu'à la nuit.

Devant le déploiement de forces que montrait l'adversaire, à la vue surtout des masses considérables que l'on apercevait descendant de Vendelles sur Soyécourt, le général Grœben comprit l'inutilité et peut-être le danger de pousser plus avant ; et si l'ordre de cesser le combat ne fut pas donné de suite, ce fut sans doute pour enlever à l'adversaire toute illusion sur son demi-succès.

Vers 4 heures, le bataillon, qui avait enlevé Pœuilly, venait prolonger la gauche du 4e. Quelques minutes après, le canon de la brigade Dohna se faisait enfin entendre vers Fléchin.

Le 44e, tête du gros, arrivait aux abords de Pœuilly et envoyait un bataillon sur le plateau de Vermand.

A la nuit, le général Grœben donnait des ordres pour le cantonnement ; le 4e régiment se repliait, traversait les lignes du bataillon du 44e établi sur le chemin Caulaincourt—Soyécourt et venait cantonner à Pœuilly.

Les pertes s'élevaient à 5 officiers et 203 hommes, celles des quatre batteries étaient de 3 officiers, 44 hommes, 27 chevaux. Le général Memerty avait été dangereusement blessé, vers 4 heures, devant Vermand.

En résumé, le général Memerty, voulant prendre pied sur le plateau de Vermand, ne se laisse pas détourner de son objectif par la présence, sur son flanc gauche, d'une localité fortement occupée par un adversaire probablement peu redoutable ; il consacre à cette dernière un bataillon et toute l'artillerie. Les deux autres bataillons, suivant la route la plus directe, marchent sur l'objectif primitivement indiqué.

Des divers incidents qui ont marqué l'engagement de la 3e brigade le jour de la bataille de Saint-Quentin, nous ne citerons que le suivant, mais il est typique, et l'ardent esprit d'offensive de l'officier prussien y réside tout entier.

Vers midi 1/2, devant Fayet, cinq batteries prussiennes canonnant depuis une demi-heure le village et l'artillerie française, se trouvent à court de munitions et exposées à un feu efficace de tirailleurs ennemis embusqués à bonne portée.

Renonçant à continuer la lutte, les batteries se replient sur Holnon.

Le mouvement, étant périlleux, pouvait être mal interprété et par les compagnies prussienes (44ᵉ) dont cette artillerie soutenait l'action, et par les troupes françaises dont l'audace pouvait être encore augmentée.

Le major Bock, commandant les six compagnies du 44ᵉ, ne laissa ni aux unes ni aux autres le temps de s'apercevoir de cette reculade ; au moment où l'artillerie amenait ses avant-trains, les six compagnies se portaient en avant, ne s'arrêtaient que pour le feu rapide et enlevaient ensuite Fayet d'un seul élan.

Notre 3ᵉ brigade est arrivée au terme de ses épreuves ; sans avoir pris part aux « grandes batailles » de la campagne, sans avoir, comme certains régiments de l'armée allemande, vu tomber dans une seule journée le tiers de leur effectif, le 4ᵉ et le 44ᵉ peuvent néanmoins être rangés parmi les plus éprouvés.

Les pertes totales dépassaient :

56 officiers, 1400 hommes pour le 4ᵉ régiment ;
56 officiers, 1600 hommes pour le 44ᵉ.

Ces chiffres ne sont pas absolus, car il faut tenir compte, surtout pour les officiers, de ceux qui furent blessés plusieurs fois dans le courant de la campagne.

Chacun des régiments de la brigade avait reçu, en novembre et décembre, environ 1000 hommes de complément.

CONCLUSIONS

Quelles conclusions et quels enseignements peut-on tirer des combats livrés par la 3e brigade ?

Voyons d'abord les conclusions :

Commandement. — Les généraux prussiens, habiles à engager le combat, se laissent presque toujours dérouter par des complications imprévues et ne doivent de s'en tirer à si bon compte que grâce à l'énergie des troupes et à l'inertie de leurs adversaires : Borny, Noisseville, Saint-Quentin.

Ils ont une grande tendance à élargir leur front en renforçant les ailes, au détriment du centre qu'ils soutiennent de leur artillerie : Borny, Noisseville.

Au début de la guerre, l'offensive est vigoureuse, hardie, téméraire même ; on court sus à l'ennemi dès qu'il se présente, quelles que soient sa force et sa position. A Noisseville, l'attaque de 8 heures du soir est faite plutôt pour conserver sur l'ennemi l'ascendant moral de l'offensive que pour reprendre réellement le village ; cette attaque peut se comparer à celle de la 6e division de cavalerie le soir du 16 août. Le 1er septembre, les généraux allemands reprennent l'offensive au point du jour, et ils attachent une telle importance à conserver l'initiative de l'attaque qu'ils ne laissent pas le temps à l'artillerie de préparer l'action.

Dans la seconde partie de la campagne, les généraux, ceux mis en scène du moins, sentent que l'outil se fait vieux : la cavalerie éclaire mal, l'infanterie a moins d'entrain ; leurs conceptions s'en ressentent, et une prudence, souvent exagérée, apparaît dans leurs plans de combat.

Artillerie. — Tout a été dit sur le rôle de l'artillerie allemande, surtout de l'artillerie agissant en grandes masses.

Dans les engagements où a figuré la 3e brigade, nous voyons

à **Mey et Noisseville** l'artillerie de corps préparer le chemin à l'infanterie précédemment repoussée ; à Villers-Bretonneux, nous l'avons vue briser l'offensive française que sa propre infanterie ne pouvait plus arrêter.

Le général Memerty employait non moins judicieusement les quelques batteries qu'il eût à sa disposition.

Le 14 août, les deux batteries précèdent aux grandes allures, l'infanterie sur le champ de bataille ; leurs obus vont fouiller les coteaux, où l'infanterie française se prépare à la retraite, jetant le défi à ces troupes que l'on sait incapables de recevoir des coups sans y répondre.

Le 31 août, le général est plus prudent, et cette prudence même oblige ses deux batteries à combattre dans des conditions désavantageuses ; le lendemain, son artillerie va provoquer l'ennemi en position sur le flanc gauche, le réduire à une attitude défensive et donner à la 3e brigade la libre disposition de son mouvement sur Noisseville.

Le 27 novembre, l'artillerie française ne put être réduite au silence, par suite probablement de la faiblesse de calibre des pièces allemandes légères et à cheval.

Le 19 janvier, le colonel commandant la colonne principale réunit en une seule batterie les vingt-huit pièces du détachement ; on avait affaire là à des pièces de montagne, à des mobilisés ; c'était, selon nous, beaucoup trop de frais ; les deux batteries de l'avant-garde eussent fait de bien meilleure besogne en face de Francilly.

Cavalerie. — Pour deux ou trois divisions de cavalerie allemande qui, dans la guerre de 1870, ont fait preuve d'audace et n'ont pas reçu le châtiment auquel leur témérité les exposait si souvent, on s'est extasié sur la conduite de la cavalerie en général, et cela à la grande surprise des Allemands, paraît-il, qui avaient de bonnes raisons pour ne pas être satisfaits complètement.

Pour ne parler que des fractions de cavalerie attachées à la 3e brigade ou de celles ayant manœuvré dans sa zone d'action, voici ce que nous avons vu et ce que nous verrons sans doute fréquemment lorsque, plus tard, nous poursuivrons cette étude :

Le 14 août, le 10e dragons reste toute la journée en soutien d'artillerie ; la 3e division de cavalerie, général Grœben, s'installe à Retonfey.

A 7 heures, au plus fort de la bataille, elle regagne tranquillement ses cantonnements de Vry ; un ordre du général Steinmetz la fait revenir, à 9 heures, pour aider à l'enlèvement des blessés !

Le 31 août, le 1er dragons collé à l'infanterie se trouve, par cela même, engagé plus peut-être qu'il ne l'aurait voulu ; la 3e division intervient par son artillerie, mais c'est tout ; pas un cavalier n'est envoyé au colonel de Bœcking pour l'avertir du danger, pas une charge n'est poussée pour dégager le 44e.

Le 1er septembre, le 1er dragons est en soutien d'artillerie ; la 3e division renvoyée au sud de Metz.

Le 27 novembre, la cavalerie est plus qu'insuffisante dans son service d'exploration, et le 19 janvier elle est moins qu'audacieuse.

Si l'instruction du 2 août recommandait de tenir la cavalerie en arrière pendant le combat, elle ajoutait : il convient de la réserver pour les derniers moments. Or, à Villers-Bretonneux, il s'en est présenté un « dernier moment » ; entre 4 et 5 heures du soir, et la 3e division de cavalerie faisant alors irruption sur la route de Corbie eût achevé de ruiner cette petite armée française, déjà abattue par six heures de lutte. La 3e division resta aux environs de Marcelcave, préludant ainsi aux prouesses du 19 janvier.

La peur du franc-tireur devait causer aux cavaliers prussiens le même effet que l'appréhension du Cosaque aux dragons de Grouchy, en janvier 1807 ; les uns et les autres ne se croyaient en sécurité que derrière leur infanterie.

Combat des petites unités. — Ce qui frappe le plus quand on étudie le combat du bataillon ou du régiment, dans la première partie de la campagne, c'est l'esprit de vigueur et d'activité que tous les chefs ont su inspirer à leurs troupes ; activité parfois déplacée, mais mille fois préférable à l'attente démoralisante en usage chez leurs adversaires.

D'un autre côté, la large initiative laissée aux commandants de compagnie, incitait quelquefois ces derniers à ne pas assez tenir compte de l'idée générale qui dominait l'ensemble, et alors ces deux causes réunies : activité et initiative, qui auraient dû toujours donner les meilleurs résultats, n'étaient pas sans créer souvent de grosses difficultés : grande dispersion des compagnies de 1re ligne, grand éloignement des réserves.

C'est que tous n'étaient pas également actifs, quelques-uns se croyaient trop indépendants ; enfin, les ordres souvent étaient attendus au lieu d'être provoqués.

La tactique de combat des petites unités résidait tout entière dans le paragraphe de l'instruction du 2 août : « Éviter le plus possible le combat d'infanterie aux distances de 1000 à 500 pas ; raccourcir rapidement cette distance ; ... chercher constamment à prendre l'ennemi en flanc.... ».

Ces prescriptions furent toujours observées, grâce à l'habileté manœuvrière et à la bonne instruction du tir des compagnies prussiennes.

Le combat est mené rondement, mais souvent à l'aveugle ; l'attaque de flanc est de rigueur ; tout commandant d'une troupe chargée d'une attaque consacre moitié de son monde, sinon davantage, à l'attaque de flanc.

Les chefs de bataillons et de régiments ne se croient pas tenus de prendre les formations traditionnelles et savent faire plier ces dernières aux exigences du combat ; ils n'hésitent pas, dans certains cas, à mettre d'emblée tout ou presque tout leur monde en ligne, confiants dans la camaraderie de combat de leurs voisins.

Les formations pour la marche sous le feu de l'ennemi durent être modifiées deux fois dans le courant de la campagne, et l'on en était arrivé à ne plus présenter, en deuxième ligne, que des compagnies déployées.

La 3e brigade, par suite de sa position particulière dans chacune des batailles étudiées ci-dessus, n'eût guère à souffrir du mélange des unités ; ce fut surtout le 19 janvier que cet inconvénient se manifesta sérieusement.

Le tir aux grandes distances était interdit aux Allemands, en raison de leur armement, et d'ailleurs, même possible, ils ne l'auraient que rarement employé à cause de leur tactique toute offensive.

Leurs tirailleurs ouvraient le feu à 600 mètres au maximum, le plus souvent à 400. Nous avons, cependant, vu deux compagnies du 44e, le 27 novembre, essayer par des feux exécutés à 800 mètres, de suppléer au manque de préparation par l'artillerie.

Grâce à leur discipline parfaite du feu, les hommes ne manquèrent presque jamais de munitions, et il fallut cinq heures de fusillade presque ininterrompue pour vider les cartouchières des deux compagnies qui occupèrent Gentelles (27 novembre).

Les feux à grandes distances exécutés par leurs adversaires, s'ils causèrent quelques pertes dans les formations massées, n'arrêtèrent jamais le mouvement en avant.

Les attaques d'infanterie non préparées par l'artillerie échouèrent presque toujours : première attaque de Mey, attaque de Bellecroix, trois attaques de Noisseville, tranchées de la cote 98 le 27 novembre ; dans la seconde partie de la guerre, ces attaques réussirent plus souvent : Gentelles, ouvrages de la voie ferrée.

Quant à exécuter des ouvrages de fortification passagère, les troupes de la 3e brigade n'en avaient nul souci.

Animées d'un excellent esprit au début de la campagne, les troupes souples, vigoureuses, deviennent par suite des éléments reçus des dépôts, plus lourdes et d'un maniement plus difficile ; les moindres abris exercent sur elles un attrait fascinateur, et après les assauts de Mey, de Bellecroix et de Noisseville, nous voyons les cheminements sous bois aux abords de Cachy avec des stations interminables sur les lisières ; le 19 janvier, ce sont les jardins et les clôtures de Holnon et de Selency qui, pendant des heures entières, vont offrir un abri sûr aux fusiliers des régiments du colonel Massow.

Enfin, pour terminer, disons qu'au 4e régiment, la direction du combat est plus méthodique, les résultats sont moins brillants mais moins éphémères qu'au régiment voisin.

Au 44e, nous l'avons souvent constaté, les compagnies sont moins en main, et la bouillante ardeur du chef amène fréquemment des mécomptes (Montoy ; ouvrages de Villers).

Ce serait tomber dans des lieux communs que de vouloir citer ici les enseignements généraux fournis par la rude expérience de cette guerre de 1870.

Ces enseignements ont été exposés, décrits et réglés depuis longtemps; nous nous contenterons d'en citer deux, que nous supposerons, jusqu'à preuve du contraire, particuliers à la 3e brigade.

Le premier a trait à l'hésitation du commandement lorsque, dans le courant du combat, surviennent des événements modifiant complètement la situation respective des adversaires; nous en reparlerons plus longuement dans un instant.

Voici le second : l'échec du 44e, le 27 novembre vers 1 h. 1/2, sur la voie ferrée, où deux bataillons encore désunis par leur attaque victorieuse furent chassés par trois compagnies fraîches, démontre l'utilité d'une réserve immédiatement disponible, des deux côtés, après l'acte aigu du combat. — Dans presque tous les engagements des éléments de la 3e brigade, cette réserve a fait défaut, soit qu'elle fut trop éloignée, soit qu'on ait omis de la reconstituer. Par suite de notre tactique au début de la guerre, de la faiblesse de notre organisation à la fin, les Prussiens n'en furent punis que le 27 novembre; ils auraient pu l'être davantage.

Il est enfin un enseignement que l'on a voulu tirer de cette guerre et que nous ne pouvons passer sous silence.

Bon nombre de nos cavaliers à qui le rôle de la cavalerie divisionnaire ne souriait sans doute que médiocrement, sont parvenus à démontrer que les généraux d'infanterie prussiens n'ayant pas su se servir de la cavalerie mise à leur disposition, il était inutile de laisser pour les guerres à venir plus d'un escadron par division.

Ce raisonnement n'a qu'un défaut : il pèche par la base.

Les généraux prussiens ne se sont pas servis de leur régiment de cavalerie parce qu'il leur était recommandé de tenir, pendant le combat, cette cavalerie en arrière (Instruction du 2 août); eux-mêmes le disaient : « Ce n'est pas sur le champ de bataille que la cavalerie doit cueillir des lauriers; ..... réservons nos cavaliers pour la poursuite, ... etc... »

Quant à reprocher à cette cavalerie divisionnaire le service défectueux de ses reconnaissances, on peut répondre que celui de la 3e division de cavalerie ne lui cédait en rien sous ce rapport.

Il est d'usage, pour terminer un travail, d'exprimer toujours un ou plusieurs *desiderata*. Nous ne faillirons pas à la règle, mais nous nous contenterons d'un seul pour le moment.

Depuis la guerre, les Allemands se sont efforcés, dans leurs grandes manœuvres, de mettre fréquemment leurs chefs de partis subitement en présence de difficultés parfois difficiles à résoudre ; c'est ainsi que tel officier général commandant une division dans le parti A est informé, le soir, qu'il commandera le lendemain le parti A ou le parti B, mais augmenté ou diminué dans des proportions souvent considérables.

Selon nous, ce n'est pas encore suffisant et l'on pourrait faire mieux.

Nous voudrions que tout chef de parti manœuvrant contre une troupe d'effectif connu, si l'on veut, fut exposé de temps à autre à se heurter à des forces nouvelles dont il n'aurait pu à l'avance soupçonner l'existence.

Un exemple, souvenir personnel d'ailleurs, fera mieux ressortir l'économie du procédé.

Il y a quelque temps, nous assistions comme « officier amateur » à une manœuvre en terrain varié ; la compagnie A (manchons) défendait un défilé contre une compagnie B.

Au plus fort du combat, alors que la compagnie B, comme toute offensive qui se respecte, marchait bravement à l'assaut, et que la compagnie A, sur la défensive, se préparait non moins naturellement à battre en retraite, on vit arriver en arrière de cette dernière une forte troupe en manchons blancs ; c'était une compagnie d'un bataillon voisin qui, par une heureuse innovation, était envoyée, à l'insu de tous, au secours de la défense.

Ce qui suivit démontra combien cette mesure mériterait d'être généralisée.

La nouvelle compagnie vint s'arrêter, par quatre, sur la route à hauteur de la première ligne de la défense ; son chef se mit à la recherche du commandant de la compagnie A pour prendre ses ordres et cela, pendant que l'ennemi, sautant haies et talus, marchait à l'assaut.

Le chef de la compagnie A ne trouva d'autre solution que d'envoyer ce puissant renfort occuper une position de repli. Quant à la compagnie B, elle ne parût pas s'apercevoir de la supériorité numérique que présentait alors l'adversaire et poursuivit son offensive pendant plusieurs kilomètres !

Cette conduite de l'assaillant fait songer à ces réflexions que l'on entend parfois dans ces sortes de manœuvres : « Une patrouille à droite ! Pourquoi ? On a vu le cheval du capitaine X... sur la route en face, la silhouette du capitaine Y... là-bas à gauche. — Que voulez-vous que votre patrouille aille faire à droite ? Rassurez-vous, nous n'avons que deux compagnies en face de nous et l'une est en avant, l'autre est à gauche ; inutile de perdre son temps à explorer à droite. »

C'est là une lacune dans notre instruction ; dans toute manœuvre on connaît la force de son adversaire, alors qu'à la guerre on ne la connaîtra presque jamais.

C'est évidemment une bonne chose que de commencer la série des exercices, des grandes manœuvres, par des thèmes simples, faciles à résoudre ; les surprises y sont rares, les déploiements méthodiques et l'instruction de tous en profite ; mais dans la 3e brigade qui a fait l'objet de la présente étude, combien de fois a-t-on eu l'occasion d'opérer méthodiquement ? Une seule, le 31 août, à 5 heures du soir, et une demi-heure plus tard, sous la pression des événements, de la belle ordonnance de marche, il ne restait plus rien.

On pourra objecter que cette brigade a combattu toujours dans des conditions exceptionnelles : avant-garde, échelons, ... etc. C'est vrai, mais ces situations n'en existent pas moins et comme telles doivent pouvoir être envisagées à l'avance.

Et cette modification aux exercices actuels n'altérerait en rien la simplicité des thèmes, seulement leur exécution exigerait beaucoup plus d'à-propos, de décisions rapides, toutes choses, en somme, qui forment le fond de l'art de la guerre.

TABLE DES MATIÈRES

Paris. — Imprimerie R. CHAPELOT et Cᵉ, rue Christine, 2.

PARIS. — IMPRIMERIE R. CHAPELOT ET Cⁱᵉ, 2, RUE CHRISTINE

9 782019 930448